Işık Yakup Kaya

Die Amerikanisierung der Türkei unter dem Joch der NATO

Işık Yakup Kaya

Die Amerikanisierung der Türkei unter dem Joch der NATO

Işık Yakup Kaya
Die Amerikanisierung der Türkei
unter dem Joch der NATO

– 1. Auflage 2019 –
ISBN 978-3-939710-33-2

Theorie und Praxis Verlag
Goldbachstr. 2
D 22765 Hamburg
Tel: 040 – 38 61 38 49

info@tup-verlag.com
www. tup-verlag.com

INHALTSVERZEICHNIS

Vorwort

Selbst in der Türkei geboren und aufgewachsen, bin ich auch mit politischen und ethnischen Konflikten groß geworden:
Immer schon gab und gibt es Spannungen zwischen der türkischen Mehrheitsgesellschaft und den ethnischen Minderheiten wie Kurden, Armeniern, Griechen usw. Ebenso kommt es immer wieder zu politischen Konflikten zwischen Regierenden und der Bevölkerung, die darauf zurückzuführen sind, dass die Türkei kein selbstbestimmter Staat ist, sondern sehr stark von den USA abhängig und ein NATO-Partner ist. Es gibt auf der einen Seite nationalistische, konservative und religiöse Bewegungen und Organisationen, die ein enges Naheverhältnis zu den USA pflegen, auf der anderen Seite progressive und demokratische. Zwischen allen diesen Bewegungen kommt es immer wieder zu politischen Auseinandersetzungen.

Meine Diplomarbeit von 1988 behandelte die türkisch-amerikanischen Beziehungen, bilateralen Abkommen und die Rolle der NATO. Schon damals habe ich mich ausführlich mit der politischen Situation in der Türkei beschäftigt.

Durch die in der Türkei gebräuchliche Zensur und einseitige Propaganda, die mich sehr beunruhigte, konnte ich keine umfassenden Informationen erhalten – also begab ich mich außerhalb der Türkei auf Wahrheitssuche, um die Situation zu erforschen. Ich konnte meinen Wissensstand auch in Bezug auf die globale Rolle der Nato und den USA vertiefen und erweitern, was in mir das Bedürfnis weckte, darüber ein weiteres wissenschaftliches Werk zu schreiben, und ich hoffe, dass diese vorliegende Untersuchung eine Bereicherung für die politikwissenschaftliche Forschung ist.

Meine Erkenntnisse möchte ich gerne mit der Öffentlichkeit teilen und einen objektiven Blick auf die besondere Konstellation, in der sich die Türkei befindet, fördern.

1. Einleitung

Über die Beziehungen zwischen der Türkei und den USA wurden schon viele Bücher, Wissenschaftliche Arbeiten, Artikel usw. geschrieben, sodass man sich, wenn man sich mit dem Thema beschäftigt, fragt, welchen neuen Beitrag man mit diesem Buch leisten kann.

Ich möchte nach einem historischen Überblick die aktuelle Situation analysieren. Der historische Überblick ist deshalb wichtig, um die immer noch bestehenden konfliktreichen Relationen in ihrer ganzen Komplexität innerhalb des globalen Spannungsfelds und der gesamten Weltmachtpolitik zu verstehen.

Meiner Meinung nach kann es eine Verbesserung der Situation nur geben, wenn man sie im Kontext der inneren und äußeren Verhältnisse betrachtet und berücksichtigt.

Eine Methodenvielfalt zur Analyse ist notwendig, weil die Komplexität des Themas und die Darstellung der Sachverhalte geordnet werden müssen. Die wissenschaftliche Kombination verschiedener Methoden wird diesem Anspruch nach Objektivität gerechter als ein Festklammern an einen bestimmten wissenschaftlichen Leitfaden, der viele Aspekte nicht erklären könnte.

Konflikte haben meistens sehr viele Ursachen und Wirkungen. Um sie zu verstehen, müssen so viele wie möglich einzeln betrachtet und die wechselseitigen Bezüge dargestellt werden.

Das gilt ganz besonders auch für das Verständnis der politischen und wirtschaftlichen Beziehungen zwischen der Türkei und den USA.

2. Überblick über den Forschungsstand und Literaturbewertung

Das Interesse an der Türkei und den USA war in der Forschung im 20. Jahrhundert nahezu konstant. Es sind dabei keine zeitlichen Schwerpunkte feststellbar, die Untersuchungen kreisen um die historisch herausragenden Ereignisse in den Beziehungen der beiden Staaten.

Die aufgegriffenen Themen reichen von Konflikt- über politische Beziehungs- bis hin zu psychologischen Analysen. Ursachenforschung wurde im religiösen, ethnischen und historischen Bereich betrieben.

Innerhalb dieser Bereiche werden nahezu alle Standpunkte und Krisenpunkte abgedeckt – je nach untersuchtem Material. Ein historisch-dialektischer Ansatz fehlt bislang, dazu möchte ich beitragen.

Es wurde englische und türkische Literatur untersucht. Einen repräsentativen und vollständigen Überblick über die im universitären Rahmen verfügbaren Quellen finden sich in der Literaturliste.

Die gefundenen Quellen lassen sich in Fakten sammelnde bzw. historische Evidenzen suchende Literatur sowie Groß- und Regionalmachtstrategien einteilen.

Zur ersten Gruppe gehörig sei stellvertretend für die große Zahl an Forschungen, quasi als Klassiker, das Südosteuropahandbuch[1] mit seinem Abriss des wirtschaftlichen, politischen gesellschaftlichen und kulturellen Hintergrundes genannt – worin die Türkei, ihre Gesellschaft und Kultur explizit beschrieben werden. Richters Bände zur Geschichte[2] bestechen mit ihrem Detailreichtum.
Einige Standardliteratur wurde mir von Professoren der Universität Wien empfehlen.

Aus der letzten Gruppe wurden Weltmachtphilosophieanhänger wie Kissinger und Brzezinski untersucht und zitiert.

---

1 Südosteuropa-Handbuch, Zypern, Hrgs. Grothusen, Klaus Detlev, Steffani Winfried und Zervakis, Peter, Göttingen, 1998

2 Richter, Heinz A., Friede in der Ägäis? Köln, 2004

Eine Fragmentierung der Literatur ist bezüglich der Kritik an den USA/NATO Aktionen feststellbar – sie fehlt nahezu vollkommen (nur Deger, Alp bildet eine Ausnahme), auch UNO Kritik ist spärlich gesät. Hier sehe ich meinen Beitrag eingereiht.

Um meine Theorien zu Zentrum/Peripherie bzw. Dependenztheorie und Neoliberalismus zu untermauern, wurde auch diesbezügliche Literatur studiert. Als Vertreter seien Attac et al.[3] und Gärtner[4] genannt.

3 Atac, Ilker, Kraler, Albert, Ziai, Aram (Hrsg.): Politik und Peripherie, Wien, 2011 und
Atac, Ilker, EU nach Konvent und Osterweiterung, Kurswechsel, Heft 1, Wien, 2004

4 Gärtner, Heinz, USA-Weltmacht auf neuen Wegen. Band 10, Berlin, 2010

3. Methoden, Theorien und Gliederung

3.1 Methoden

Es wurde hermeneutisch im Sinne des verstehenden, statt eines nur erklärenden Umgangs mit Texten geforscht. Eine Wissenschaftlichkeit erfährt ein Verstehen erst dann, wenn „es bestimmten Regeln folgt, die die ‘Auslegung’ bzw. ‘Interpretation’ als wissenschaftliche Form des Verstehens auszeichnet.“[5] So berücksichtigte der Verfasser den Kontext und den Vergleich als die von Dilthey vorgeschlagenen Regeln, die beinhalten, dass schriftlich festgehalten wird, was exemplarisch und deshalb bedeutsam ist, dass der Kontext berücksichtigt wird, aus dem der Forschungsgegenstand stammt und dass ein Vergleich stattfinden kann, der Bewertungen und somit Objektivierung möglich macht. Damit Verstehen möglich wird, soll außerdem der Stoff in einen größeren Zusammenhang eingeordnet werden.[6]

Um allgemeingültige Wirkungszusammenhänge zu erforschen und damit ein gründliches Verständnis stattfinden kann, wurden umfassende Textanalysen von wissenschaftlicher Literatur, Zeitschriften und internationalen Zeitungen durchgeführt, wobei bei letzteren auf die Aktualität (Zeitraum Februar 2010 bis Ende 2015) der Beiträge geachtet wurde. Es handelt sich dabei hauptsächlich um Quellen, die sich unter den Gesichtspunkten der lokalen und globalen politischen Strömungen vom 20. Jahrhundert bis zur Gegenwart mit der Politik der Türkei und den USA beschäftigen. Denn die Betrachtung der Verflechtung des lokalen politischen Geschehens mit der Weltmachtpolitik ist unentbehrlich für den angestrebten historisch-dialektischen Weltsystemansatz. Für die Auseinandersetzung mit Gesellschaftsgeschichte und der Kritik der politischen Ökonomie werden Quellentexte zu Akteuren und Großmachtinteressen miteinander verglichen. Geschichtliche Entwicklungen werden als „Milieu“ oder Kontext berücksichtigt.[7]

So soll in dem vorliegenden Werk die Türkei schwerpunktmäßig als Spielball der USA und der NATO im 20 und 21. Jahrhunderts darge-

5 Bohnsack, Ralf, Marotzki, Winfried, Meuser, Michael, Hauptbegriffe Qualitativer Sozialforschung, Opladen, 2006, S. 83f.

6 Vgl. ebenda, S. 84

7 Vgl. Atac, Ilker; Kraler, Albert; Ziai, Aram (Hrsg.): Politik und Peripherie, 2011, Wien, S. 51

stellt werden, wobei als „Richtschnur“ das historisch-dialektische Paradigma dient, jedoch nicht in der orthodoxen marxistischen Auslegung, sondern im Hinblick auf den Wandel vom Feudalismus zum Kapitalismus als System, das nach Weltbeherrschung strebt. Dabei sollen auch die Paradigmen von Lenin und Luxemburg zum Imperialismus behandelt werden.

3.2 Theorie

Mein Interesse gilt der Abhängigkeit der internationalen Beziehungen, sprich Interdependenz. Vielfach wird politische Realität als Spiegel der Macht beschrieben. So wird auch im Folgenden häufig von Macht im Sinne von Militärmacht gesprochen. Dabei folge ich nicht so sehr der marxistischen Definition von Macht (kurzgefasst: Macht als „ökonomische Funktionalität“), da es für die Türkei nicht hilfreich ist. In meinen Augen ging es in der Türkei nicht so sehr um den Kampf um Produktionsverhältnisse und Klassenherrschaft. Vielmehr leitete mich der Clausewitzsche Gedanke von der „Politik als Fortsetzung des Krieges mit anderen Mitteln“. Im Foucaultschen Sinne folge ich der Spur der Macht als Synonym von Repression – bezogen auf die Türkei: als Unterdrückung der Selbstbestimmung.[8]

Mein Hauptaugenmerk richtet sich auf die Abfolge von politischen Aktionen mit deren politischen Aus- und Einwirkungen auf die Türkei bzw. auch auf die völkerrechtlichen Aspekte des Geschehens. Deshalb werden als Methode essentielle Ergebnisse aus den Quellen herangezogen, bei denen im Rahmen politischer Beziehungen auch die großen Theoriegebäude ‘Realismus’ und ‘Liberalismus’ betont werden. Die detaillierte Analyse nach diesen politischen Schulen ist nicht Ziel dieses Buches, dafür ist der betrachtete Zeitraum zu lange: im 20. Jahrhundert wechselten mehrfach die Theorien. Wenn aber einzelne Ereignisse diesen ‘Idealtypen’ entsprechen, erfolgt im jeweiligen Kapitel eine Anmerkung dazu.

---

8 Vgl. Foucault, Michel, In Verteidigung der Gesellschaft, Frankfurt a.M., 1999, S. 29-32

3.3 Gliederung

Das Buch wird mit einer Begriffsanalyse, die für das Verständnis der Interdependenz-Relationen zwischen der Türkei und den USA notwendig ist, beginnen und mit einem geschichtlichen Teil fortsetzen, der das Entstehen des Konflikts und der Abhängigkeit von den USA beleuchtet.

Nach einem kurzen historischen Überblick möchte ich die aktuelle Situation analysieren. Der historische Überblick ist deshalb wichtig, um den immer noch bestehenden Konflikt zwischen den USA und der Türkei in seiner ganzen Komplexität zu verstehen.

Der Konflikt ist nicht nur Türkeispezifisch, sondern steht in einem globalen Spannungsfeld und hat auch mit der gesamten Weltmachtpolitik zu tun. Daher wird der Konflikt im Kontext der inneren und äußeren Verhältnisse betrachtet.

Dabei werde ich analytische, theoretische, hypothetische und empirische Ansätze verwenden.

Resümierend wird am Ende des Werkes der Status quo dargestellt und als Fazit werden im politikwissenschaftlichen Rahmen mögliche Auswege aus der Krise aufgezeigt.

4. Definition wichtiger Begriffe „Weltmacht", „Großmacht", „Imperium" und „Imperialismus"

Weltmachtpolitische Bestrebungen sind Bestandteil meiner Hypothesen und Analysen, weshalb eine themenspezifische Begriffsklärung daher unumgänglich erscheint.

4.1.1 Der Begriff Weltmacht

Als Weltmächte werden Staaten bezeichnet, die wegen ihrer wirtschaftlichen, politischen und militärischen Stärke global einen starken Einfluss auf kleinere Staaten ausüben. Die USA hat heute nach wie vor diese Macht, während Russland diese Position, obwohl die UDSSR diese innehatte, noch nicht einnehmen konnte. China, Japan und die EU spielen heute ebenfalls eine wichtige weltpolitische Rolle.[9]

Im Folgenden soll ein kurzer Abriss darüber gegeben werden, ob und welche Auswirkungen der jeweiligen „Weltbeherrschung" die Türkei erfuhr. Das Divide et Impera wird im Kapitel der zugehörigen türkischen Geschichte abgehandelt.

Das Buch erstreckt sich auch noch auf die postkoloniale und postinvasive Periode. Da die Politik der USA eher institutionell ausgeübt wurde und kein prinzipieller Strategiewechsel stattfand, erfolgt die Abhandlung der amerikanischen Strategien an dieser Stelle.

Für den Türkeikonflikt wichtig ist die Beleuchtung der Rolle der USA als Weltmacht. „Waren die USA 1945 die Vormacht des Westens, so sind sie heute die Vormacht der Welt."[10] Ab dem Augenblick, ab dem sie selbst durch Atomwaffen bedroht waren, änderte sich die Haltung der USA: vorher neigten sie zum Isolationismus[11], was an der geschützten „Insellage" lag, nun fühlte sich Nordamerika territorial di-

---

9 Vgl. Brockhaus Enzyklopädie, Bd. XXIV, Mannheim, 1994, S. 49

10 Czempiel, E.-O.; Die Vereinten Nationen und die amerikanische Weltpolitik seit 1945, erschienen in: Rittberger, Volker (Hrsg.): Weltordnung durch Weltmacht oder Weltorganisation. Baden Baden, 2006, Vgl. S. 26

11 Vgl. Gärtner, Heinz, USA-Weltmacht auf neuen Wegen. Bd. 10, Berlin, 2010, S. 61

rekt bedroht. Der Begriff „Isolationismus“ wird von Gärtner allerdings als irreführend bezeichnet, weil er Zurückhaltung aus internationalen Angelegenheiten bedeutet. Das wird von der Haltung der USA im 19. und in der ersten Hälfte des 20. Jahrhunderts behauptet, stimmt aber nicht ganz, weil die USA sich nie isolierten und international immer aktiv waren.[12]

Laut Czempiel strebte Roosevelt keine klassische Hegemonie an, sondern eine multilateral führende Politik unter einer neu zu schaffenden, Internationalen Organisation.[13] Weiter nennt er als Charakteristikum des 'regnum Americanum' die Selbstbeschränkung der Macht.

Der Begriff „Hegemonie“ ist jedoch nach Gärtner nicht klar definiert, weil „er nicht ausdrückt, wie stark die Stellung eines Staates im internationalen System sein muss, um von Hegemonie sprechen zu können. Hegemonie kann vom Empire dadurch unterschieden werden, dass letzteres auch Einfluss auf innere Strukturen hat, was bei einer Hegemonie zwar auch der Fall sein kann, aber nicht notwendigerweise so sein muss.“[14]

Czempiel meint, die USA wollten kein Imperium gründen, sondern die „Rolle eines Hegemons ... mit Selbstbeschränkung der Macht. Die USA taten noch mehr. Sie betteten diese Hegemonie zusätzlich in eine Internationale Organisation ein, in der sie – wiederum zu Recht – das richtige Instrument sahen, die traditionelle Machtpolitik europäischen Stils ein für alle Male zu überwinden.“[15]

Ihre Vormachtstellung wollten die USA zwar militärisch sicherstellen, jedoch ohne militärischen Wettstreit, weshalb sie ihre Aufrüstung vorantrieben. „Es galt das Prinzip der Vorherrschaft – jetzt und immerdar“.[16]

Obwohl sich die USA nie als Kolonialmacht verstanden, unternahmen sie „Strafexpeditionen gegen nordafrikanische Piratenstaaten im Mittelmeerraum. 1812 hatte sie einen völlig unnötigen Krieg gegen Groß-

---

12 Vgl. Gärtner, S. 61

13 Vgl. Czempiel, S. 27

14 Gärtner, S. 56

15 Czempiel, S. 27

16 Joffe, Josef, Die Hypermacht. Warum die USA die Welt beherrschen, München, 2006, S. 36

britannien vom Zaun gebrochen, und später Eroberungsfeldzüge gegen Mexikaner, Indianer und Spanier, in deren Verlauf sich die Nord-Amerikaner innerhalb eines Jahrhunderts fast einen ganzen Kontinent einverleibten.“[17]

Was aber, wenn mehrere Staaten um die Weltmacht ringen? Zwischen Weltmächten herrscht Machtrivalität und jede „muss ihre Sicherheit so auslegen, dass sie ein Machtvakuum füllt, bevor der Gegner es füllt, und dass sie einen Neutralen zu beeinflussen sucht, bevor der Gegner ihn beeinflusst. Mit anderen Worten: der Sicherheitsbegriff wird grenzenlos und die Machtrivalität ist mit der Politik des Status quo unvereinbar.“[18]

Die Vereinten Nationen wurden gegründet, um die Hegemonie der USA zu liberalisieren (siehe oben) und laut Außenminister Hull als „Instrument, mit dessen Hilfe sich das überkommene System der Kriege, der Allianzen und Gegenallianzen, der Einflusszonen, der Gleichgewichte und Abschreckung überwinden ließ.“[19],[20] Die Wurzeln der Vereinten Nationen sieht Czempiel im Realismus und Liberalismus und meint, „dass die Liberale Schule, im Gegensatz zum Realismus, die anarchische Struktur des internationalen Systems nicht für unveränderlich und unaufhebbar hält, sondern in der Internationalen Organisation eine Strategie sieht, die diese Struktur abzuschwächen imstande ist.“[21]

Hauptsächlich war die UNO nach dem 2. Weltkrieg damit beschäftigt, den Ost-West-Konflikt zu behandeln.[22] „Ihren Konfrontationsverzicht zu stabilisieren, wurde für die Großmächte ein vorrangiges Ziel, nachdem die Kuba-Krise 1962 fast die nukleare Konfrontation zwischen Washington und Moskau heraufgeführt hätte. Auf beiden Seiten wuchs das Interesse, den Konfrontationsverzicht durch eine weitere, diesmal direkte Kooperation bei der Kontrolle der Massenvernich-

---

17 Joffe, S. 37

18 Löwenthal, Richard; Die Sowjetunion als Weltmacht. Berlin 1976, S. 16

19 Statement Cordell Hull 1944, in: Documents on American Foreign Relations (DAFR), Bd. VI. S. 12

20 Budgetangaben bei Ziegler S. 73: die USA finanzieren 26% des UNO Haushaltes und den Großteil der Sondereinsätze

21 Cziempel, S. 27

22 Vgl. Rittberger, S. 29

tungswaffen zu ergänzen. Sie wurden allerdings nicht den VN übergeben."[23]

Brzezinski nannte auch den IWF und die Weltbank als Hegemonieinstrumente der USA, beide sollten globalen Interessen dienen, sind aber von den USA dominiert.[24] Eine vergleichbare Funktion erfüllte für ihn auch die NATO – nämlich die institutionelle Ausübung amerikanischer Interessen.[25]

Laut Joffe könnten die USA als Hegemonialmacht drei Strategien verfolgen, wovon zwei nicht praktikabel sind: die Weltherrschaft und ihr Gegenteil, den Isolationismus. Die Weltherrschaft wäre für die USA illusorisch, also unmöglich, weil sie damit überfordert wären, die ganze Welt unter Kontrolle zu bringen und zu halten. Isolationismus hingegen würde die USA dazu zwingen, sich als Ordnungsmacht zurückzuziehen, was nicht dem „American way" entspräche, der darauf abzielt, dass das Umfeld der USA so gestaltet ist, dass es ihren Interessen und Werten dienlich ist.[26]

„Bleibt also als einzig praktikable nur die dritte Strategie übrig: Gleichgewichtspolitik im weitesten Sinne. Diese versucht, die Mit-

---

23 Rittberger, S. 31

24 Vgl. Brzezinski, Zbigniew, Die einzige Weltmacht, Amerikas Strategie der Vorherrschaft, Weinheim und Berlin, 1997, S. 49, zur Person Brzezinski: er war von 1977-1981 Sicherheitsberater des US Präsidenten Carter und Professor für amerikanische Außenpolitik an der John Hopkins Universität. Seine Visionen zum moralischen Anspruch auf die amerikanische Führungsrolle hat er in dem Buch 'Macht und Moral' dargelegt, es wird später noch zitiert. Seine Vorschläge zur moralischen Erneuerung, um diesem Anspruch zu genügen, finden sich darin auf S. 124. Zu seiner Positionierung: er fürchtet eine weltweite Anarchie, würde sich die USA aus der Weltpolitik zurückziehen – s. sein Buch „Die einzige Weltmacht, Amerikas Strategie der Vorherrschaft", Weinheim und Berlin, 1997, S. 53.
Ebenda: Wegen der gestiegenen Zugänglichkeit z.B. auch für Massenvernichtungswaffen für immer mehr Staaten sowie auch für terroristische Gruppen sieht er für die USA eine – wenn auch kurze – historische Chance, sich als Stabilisator zu profilieren. S. 303 ff. Seine Begründung: nur die USA ist in der Lage, seine Nuklearwaffen weltweit zu verlegen. Vgl. sein Buch „Macht und Moral", S. 107.

25 Brzezinski, Zbigniew, Die einzige Weltmacht, Amerikas Strategie der Vorherrschaft, Weinheim und Berlin, 1997, S. 79

26 Vgl. Joffe, S. 124 f

spieler Nummer zwei, drei, vier ff. davon abzuhalten, sich gegen die Nummer eins zusammenzurotten, um sie einzudämmen oder gar zu besiegen.“[27]

Joffe meint, dass diese Option in zwei Varianten zerfiele, welche der britischen und der des deutschen Kaiserreiches entsprächen, auch wenn diese längst Vergangenheit sind: Beide Großmächte hatten in Europa die Vorherrschaft, aber konnten nicht alle unterwerfen. Trotzdem konnten sie eine gewisse Zeitlang ihre Stellung halten, wobei sie gezwungen waren, sehr wachsam gegen feindliche Bündnisse aufzutreten.[28]

Nach dem Ende des ‘Kalten Krieges’ konnten die USA als quasi alleinige Weltmacht 1997 ein Projekt starten, genannt das „Project for a new American Century“, PNAC, das die weltweite Führung der USA auch militärisch sichern sollte. Ihm zugrunde liegt die Vorstellung, dass die „amerikanischen Werte“ richtig und „von Gott gewollt“ seien, zu einer besseren Welt führen und dass die Verteidigung dieser Werte auch mit militärischen Mitteln erlaubt seien. „Es geht nicht um Herrschaft oder Hegemonie, Ausbeutung oder Unterdrückung, der Zauberbegriff heißt ‘preeminence’… Hierzu setzt das PNAC konsequent auf die Militarisierung, die auf die langfristige Herstellung einer guten Ordnung zielt.“[29]

Die Autoren des PNACs benennen folgende Hauptaufgaben:
- Verteidigung des American Homeland;
- die Fähigkeit, mehrfach und gleichzeitig Kriege zu führen und gewinnen;
- das Sicherheitsumfeld in kritischen Regionen zu prägen;
- die nukleare strategische Überlegenheit erhalten;
- die personelle Stärke der Streitkräfte bei 1,4 bis 1,6 Mio. Soldaten wieder herzustellen;
- den Ausbau permanenter Militärbasen in Südeuropa und in Südostasien;

27 Joffe, S. 126
28 Vgl. Joffe, S. 127
29 Ruf, Werner in: Österreichisches Studienzentrum für Frieden und Konfliktlösung (Hrsg.). Die Neue Weltordnung in der Krise. Von der Uni- zur multipolaren Weltordnung? Friedensbericht 2008, Wien, 2008, S. 19

- die Modernisierung der US-Streitkräfte, insbesondere der Luftwaffe, der Unterwasser- und Überwasser-Flotte, die Luftwaffe müsse zu einer „globalen Erstschlagwaffe“ gemacht werden;
- die Entwicklung und Aufstellung eines globalen Anti-Raketen-Raketen-Systems, so dass globale Schläge aus der Luft und dem Weltraum möglich werden, ohne dass die USA eine Zweitschlagskapazität anderer Mächte fürchten müssen;
- Kontrolle des Weltraums; hierzu soll eine neue Waffengattung, die „US Space-Forces“, entwickelt werden;
- den Anteil der Militärausgaben auf 3,5 bis 3,8 % des Bruttosozialprodukts erhöhen, was eine jährliche Steigerung des Militärbudgets um 15 bis 20 Mrd. US-Dollar bedeutet; die Entwicklung biologischer Waffen;
- die Finanzierung des Vorhabens soll durch Einsparungen im Sozialbereich gesichert werden.[30]

Dahinter steckt die sehr konservative und überhebliche amerikanische Einstellung, dass die USA für sich den moralischen Anspruch erheben, die Welt nach ihren Vorstellungen zu ordnen und zu bestimmen, was gut oder böse, richtig oder falsch sei.

Allerdings bleibt es das vorrangigste Ziel der USA, die Energieressourcen, besonders die Ölquellen, weltweit zu kontrollieren. Somit geht es also doch auch wieder um Hegemonie.[31]

Gärtner sieht die Gefahr von unilateralen Handlungen der USA, als z. B. Präsident George W. Bush zwischen „Gut und Böse unterscheidet, aber die Grautöne übersieht.“[32] Unilateralität führt zu „Zwang, Ordnung und Gewalt“, während Multilateralismus „Diplomatie, Reform und Überzeugung“ bedeutet. Dabei folgen manchmal den Gesprächen bedauerlicherweise keine Handlungen, ein quasi systemimmanenter Nachteil, wenn Handlungen über (zu viel) Administration laufen. Dabei wird die Administration von Bushs Nachfolgern unterschiedlich gehandhabt. Die Obama-Administration benutzte die Europäer nicht nur als Verbündete gegen „nichtdemokratische“ Staaten und als Truppenlieferanten – er ging in eine andere Richtung, indem er die gemeinsame Verantwortung für Probleme wie den Terrorismus und die Klimaerwärmung zu Themen erklärte. Anstatt von „Multilateralis-

---

30 Ruf, S. 20

31 Vgl. ebenda, S. 23

32 Gärtner, S. 60

mus“, einem Begriff, der während der Bush-Ära in Misskredit gebracht wurde, zu sprechen, verwendete man bei Obamas Regierung Termini wie „Partnerschaft“ im Sinne von Partizipation und Lastenteilung, was z.B. zivile Wiederaufbauprojekte betraf.[33]

Einschub zum Uni- bzw. Multilateralismus: Gärtner sieht den Unilateralismus als Tendenz eines Landes, alleine auf Probleme und Herausforderungen einer Region zu reagieren. Multilateralismus beinhaltet für ihn politische, wirtschaftliche und kulturelle Beziehungen zwischen mehreren Staaten, administriert über internationale Organisationen.[34]

4.1.2 Der Begriff Großmacht

Großmacht ist ein Staat, der seine Macht politisch, wirtschaftlich und militärisch nutzt, um Einfluss auf internationale politische Kräfte auszuüben und bestimmend z. B. bei Friedensschlüssen zu wirken. Nach dem Zweiten Weltkrieg wurde zunehmend der Begriff ‘Weltmacht’ anstatt Großmacht verwendet.[35]

Zu den Großmächten zählten kurze Zeit Schweden und die Niederlande und bis ins 18. Jahrhundert Spanien. Die bedeutendsten Großmächte waren Russland, die Preußen, die Habsburger-Monarchie, Frankreich und Großbritannien. Die Vereinigten Staaten und Italien wurden erst im 19. Jahrhundert zu Großmächten, Japan im 20. Jahrhundert.[36]

Nach dem Ersten Weltkrieg zerfiel das System der europäischen Großmächte, nach dem Zweiten Weltkrieg verloren die Großmächte hinter den neuen Weltmächten an Macht. Daneben gewannen Blockbildungen an Bedeutung, wie etwa die Arabische Liga, Europäische Zusammenschlüsse, die Organisation der amerikanischen Staaten.

Großbritannien hat den Rang als einflussreichste Großmacht nach dem 2. Weltkrieg an die USA abgetreten und die USA wollen, dass sich der Rest der Welt ihnen anpasst bzw. möglichst „amerikanisch“ wird. Europa hingegen wehrt sich (noch) gegen diese vehemente Einflussnah-

---

33 Vgl. ebenda. S. 182
34 Vgl. Gärtner S. 60
35 Vgl. Brockhaus Enzyklopädie, Bd. IX, Mannheim, 1989, S. 204
36 Vgl. Ebenda, S. 204

me.[37] Darwin nennt die Zeit des Kalten Krieges eine Phase der amerikanischen Expansion.[38]

„Gesellschaften, die sich nach den politischen Katastrophen des 20. Jahrhunderts der Stabilität und Berechenbarkeit verschrieben haben, tun sich naturgemäß schwer in dieser gar nicht so schönen neuen Welt mit ihren schmerzhaften Anpassungsforderungen."[39]

Mit der Entwicklung von Atombomben wurde der Begriff „Großmacht" durch einen weiteren – der „Weltmacht" – ergänzt, wie der Philosoph Professor Heller definiert:
„Weltmacht/Supermacht: Die Prädikate 'Weltmacht' und 'Supermacht' erlangten die USA ausschließlich durch den Besitz der Atombombe, mit ihrer Vernichtungskraft und vor allem durch ihre Anwendung! Mit der Atombomben-Explosion über Hiroshima und Nagasaki am 6. und 9. August 1945 wurden die USA mit den Titeln 'Superpower' und 'Weltmacht' dekoriert. Richtiger wären Prädikate wie 'Criminal Empire' oder 'Weltverbrecher'."[40]

4.1.3 Der Begriff Imperium

Hardt und Negri gehen in ihren Ausführungen über das „Empire" besonders auf die Verknüpfung mit dem Recht ein, das zentralisierende und vereinheitlichende Auswirkungen auf die Entstehungsprozesse eines Imperiums hat. Schon das römische Reich legte die Maßstäbe für Moral und Recht, wobei die von oben verordneten Gesetze für Frieden und Gerechtigkeit totalitäre Werkzeuge darstellten. Die Faktoren Raum und Zeit sind, was das Recht betrifft, als unendlich aufzufassen, weil die Ordnung, die das Recht schafft, sich auf den ganzen Raum auswirken soll. Dazu soll das ethisch begründete Recht immerwährend sein.[41]

---

[37] Vgl. Joffe, S. 115
[38] Vgl. Darwin, S. 451
[39] Joffe, S. 115
[40] Khella, Karam, Jederzeit, überall, mit allen Waffen – Imperialismus heute, Krieg und Frieden, Theorie und Praxis Verlag, 3. Auflage 2012, S. 18
[41] Vgl. Hardt, Michael, Negri, Antonio, EMPIRE Die neue Weltordnung, Frankfurt/Main, 2002, S. 24 ff

Imperium steht für das *Imperium Romanum* aber auch generell für Weltreiche, wie es z.B. das British Empire darstellt, ein Paradebeispiel für die Verknüpfung von Wirtschaftsform und Politik, die auf den folgenden Seiten behandelt werden soll. Die Strategie war: Handel und informelle Herrschaft, wenn möglich; Handel und direkte Herrschaft, wenn nötig.[42] Das Lexikon der Globalisierung gibt dazu folgende Definition: „Ein Imperium ist ein großräumiges, hierarchisch aufgebautes Herrschaftsgebiet, das auf einer außergewöhnlichen Machtkonzentration universaler Symbolik beruht. Die Beherrschten sind meist sehr heterogen, multiethnisch und ungleichmäßig integriert; das Grenzgebiet gilt als prinzipiell unbeschränkter Expansionsraum, in dem eine als kulturell unterlegen wahrgenommene Bevölkerung lebt; dort sind asymmetrische Konflikte die Regel."[43] In diesem Werk wird der Begriff in seiner politisch implizierten Dynamik[44] verwendet.

„Ähnlich wie im Falle Großbritanniens und Kaiserdeutschlands lässt sich im Falle Amerikas heute allenfalls von Vorherrschaft, nicht von Oberherrschaft sprechen, weshalb der Begriff des 'Imperiums', der neuerdings durch die Diskussion geistert, im strengen Sinne auf die USA nicht zutrifft."[45] Dieser Ansicht schließt sich auch Röhrich an, er nennt den britischen Freihandelsimperialismus als Vorbild der nach dem 1. Weltkrieg zur Weltmacht aufsteigenden USA, wobei informelle Handelsvorherrschaft statt formeller Herrschaftsimperialismus praktiziert werden sollte.[46]

Ein kurzer Einschub zum Aufstieg der USA zur wirtschaftlichen und politischen Großmacht: Nach dem ersten Weltkrieg wurde aus dem ehemaligen Schuldnerstaat ein Gläubigerland, Frankreich und Großbritannien mussten die amerikanischen Waffenlieferungen bezahlen.[47] Zuvor war der Binnenmarkt in Europa gesättigt, Bankiers und Unter-

---

42 Vgl. Röhrich, Wilfried, Politik als Wissenschaft, München, 1987, S. 55 Ebendort: die Anmerkung des britischen Kolonialministers: „Unser Ziel ist: die Verwirklichung des größten Ideals, das jemals Staatsmännern … vorgeschwebt hat: Die Schaffung eines Reichs wie es die Welt noch nie gesehen hat. Wir müssen bauen an der Einheit der Staaten um die Ozeane." S. 54-55.

43 Kreff, Fernand, Knoll, Eva-Maria, Gingrich, Andre: Lexikon der Globalisierung, Bielefeld, 2011. S. 146

44 Ebenda, S. 147

45 Joffe, S. 127

46 Vgl. Röhrich, S. 58

47 Ebenda, S. 183.

nehmer schafften ein großes Finanzkapital, das sich gegen Ende des 19. Jahrhunderts auf andere Kontinente ausdehnte.[48]

Dabei schließt die Charta der Vereinten Nationen die Herrschaft über fremde Territorien aus. Die beiden Großmächte USA und UdSSR hatten sich demgemäß über die Grenzen ihrer Einflussgebiete geeinigt, aber China als dritte Großmacht stellte für beide immer wieder einen Unsicherheitsfaktor dar. Jedenfalls war der Kalte Krieg eine „Epoche der amerikanischen Expansion“[49], indem die USA die Weltwirtschaft größtmöglich beeinflussten. Sie nahmen das Ende des Kalten Krieges nicht als Chance wahr, „sich ihrer imperialen Lasten zu entledigen, sondern als historische Chance, den künftigen Kurs der Weltgeschichte zu gestalten. Der Zeitpunkt war gekommen, zu dem man die Umgestaltung der Weltwirtschaft endlich abschließen konnte, die bereits in den 1970er und 1980er Jahren begonnen worden war.“[50] Zum Begriff „Kalter Krieg“ ist anzumerken, dass es sich um die westliche Bezeichnung für die Absenz des Krieges handelt:
„Der Ausdruck ‘Kalter Krieg’ ist Anfang der 1950er Jahre aufgekommen. Nach der Wende (1990) wurde gesagt, er sei beendet. Der ‘Kalte Krieg’ ist ein Ausdruck, den der imperialistische Westen zur Charakterisierung des Verhältnisses zum sozialistischen Osten für die Zeit zwischen 1950 und 1990 geprägt hat. Zwischen den USA und den NATO-Staaten auf der einen Seite und der Sowjetunion und den Warschauer-Pakt-Staaten auf der anderen gab es keinen Krieg und auch keinen Frieden. Der Westen sprach vom ‘Kalten Krieg’ und verriet damit, dass der ‘Krieg’ weitergeht, nur sei er zur Zeit eingefroren, provisorisch kaltgestellt. Es gibt nicht den Frieden, sondern den Kalten Krieg.“[51]

Ziegler meint, dass die angeblichen Ziele wie moralische Kraft, Friedenserhaltung und soziale Organisationsfähigkeit anderen Mächten überlegen wären, unterstellt aber gleichzeitig Kissingers „Imperialthe-

[48] Ebenda, S. 58. Anmerkung: Die Strategie der USA, über multinationale Konzerne den weltweiten Absatz der eigenen Güter sicherzustellen: Vgl. Röhrich, S. 66

[49] Darwin, S. 451

[50] Ebenda

[51] Khella, S. 66

orie“ Unehrlichkeit, was er mit der Anzahl der aufgetretenen Kriege belegt.[52]

Auch Darwin stellte die Frage, ob es sich bei Amerika um ein grenzenloses Imperium handle, und stellt in Bezug auf das bipolare Zeitalter fest: „Zwei große imperiale Systeme hatten sich bemüht, die (reale oder eingebildete) Expansion des jeweils anderen einzudämmen und die breite, von postkolonialer Instabilität gekennzeichnete Zwischenzone im eigenen Interesse zu stabilisieren.“[53]

Gärtner ist der Ansicht, dass, obwohl die USA nach dem Ende des Kalten Krieg die stärkste Macht bleibt, jedoch sei der „unipolare Moment“ zu Ende gegangen.[54] Unipolarität bezeichnet ein internationales System, in dem eine Macht dominiert. Die Definition sagt nichts über das Ausmaß der Dominanz der stärksten Macht aus. Zusätzlich verweist Gärtner darauf, dass die Definition „Unipolarität“ für den Neorealismus bedeutet, dass der „zweitstärkste Staat alleine kein Gegengewicht gegenüber dem stärksten Staat bilden kann.“[55] Für Realisten könne es keine länger währende Unipolarität geben, weil „andere Staaten im Sinne des Mächtegleichgewichts versuchen würden, die Macht und Stärke des dominierenden Staates auszugleichen.“[56]

Wenn man den Begriff Unipolarität auf die USA auch nicht vollinhaltlich anwenden kann, könne trotzdem nicht davon ausgegangen werden, die Weltordnung sei wirklich multipolar. Multipolarität kann sowohl eine Gefahr als auch eine Chance bedeuten, weil Multipolarität einerseits zu „Alleingängen, Konfrontation und Aufrüstung führen“[57] könne. Andererseits beinhaltet sie auch die Möglichkeit zum Multilateralismus, indem der Fokus statt auf Einzelinteressen auf gemeinsamen Interessen liegt.[58]

---

52 Vgl. Ziegler, Jean, Das Imperium der Schande, Der Kampf gegen Armut und Unterdrückung, München, 2008, S. 71

53 Darwin, John, Der imperiale Traum. Die Globalgeschichte großer Reiche 1400-2000. Aus dem Englischen Michael Bayer und Norbert Juraschitz, Frankfurt/New York, 2008, S. 450

54 Vgl. Gärtner, S. 57

55 Gärtner, S. 56

56 Gärtner, ebenda

57 Gärtner, S. 57

58 Vgl. Gärtner, S. 58

4.1.4 Der Begriff Imperialismus

Ist das Schicksal der Türkei vom Imperialismus beeinflusst? Ausgehend von der dialektisch-historischen Sichtweise auf die politischen Schicksalsschläge der Türkei im 20. Jahrhundert, versuche ich im Folgenden zu analysieren, welche Dimensionen des Machtstrebens die Türkei zum Spielball fremder Weltmächte werden ließ. Wenn der Kapitalismus nach der Weltwirtschaftskrise von 1929 nur durch die imperialistische Expansion überleben konnte[59], so gilt es zu untersuchen, ob die Großmachtpolitik von Imperialismus getrieben war.

Unter Imperialismus ist als … „das Streben politischer Mächte, über die eigenen Staatsgrenzen hinaus territorial zu expandieren oder ihren politischen, wirtschaftlichen, militärischen und/oder kulturellen Einflussbereich auf Kosten der unterworfenen bzw. penetrierten Gesellschaften auszudehnen", zu verstehen.[60]

Der Begriff etablierte sich in den 70iger Jahren des 19. Jahrhunderts in England und wurde rasch in andere Sprachen übernommen. Der damalige Imperialismus geht auch immer mit einem starken europäischen Selbstbewusstsein einher, der 'Legitimation', andere Völker zu beherrschen[61] Geiss weist darauf hin, dass der Begriff unterschiedlich verwendet wird (politisch, wissenschaftlich und ökonomisch).[62]

Machtstreben in Kombination mit der Verbreitung bestimmter Ideologien (z.B. Liberalismus, sowie seit dem 19. Jahrhundert Nationalismus) paarten sich oft mit dem Imperialismus. Nationalismus insofern, dass die „Lebensraum"-Gewinnung für ein bestimmtes Volk als Vorwand für Eroberungen diente.

Imperialismus ist untrennbar mit der Wirtschaftspolitik des Freihandels im British Empire des 19. Jahrhunderts verbunden.[63] Das Bürger-

---

59 Vgl. Calamaros, Arthouros-David, Internationale Beziehungen, Theorien-Kritik-Perspektiven, Stuttgart, 1974, S. 59

60 Nohlen, Dieter; Schultze, Olaf-Rainer; Schüttemeyer S. Susanne, Lexikon der Politik, Politische Begriffe, Bd. 7, München, 1998, S. 262

61 Vgl. Fenske, H., Mertens. D., Reinhard, W., Rosen, K. Geschichte der politischen Ideen, Von der Antike bis zu Gegenwart, 1996, Frankfurt a.M., 1996, S. 491ff

62 Vgl. Witt, P.-C, Holl, Karl, List, Günter (Hrsg): Liberalismus und imperialistischer Staat, Göttingen, 1975, S. 40

63 Vgl. Röhrich, S. 23

tum, das Fernhandel betreibt, braucht politischen Schutz – die Außenpolitik wird der Wirtschaft unterworfen.[64] Dabei werden 3 Phasen unterschieden: der klassische Imperialismus von 1880-1914, der verschleierte Imperialismus (1914-1945) und der Neoimperialismus (ab 1945), seit den 1960iger-Jahren wird darunter die zukünftige kapitalistische Durchdringung der „Dritten Welt" gesehen.[65]

Die kritisch-dialektische Schule sieht folgendes Strukturprinzip im Imperialismus: die machtpolitische vertikale Schichtung (Industriestaaten beuten unterentwickelte Staaten aus), die horizontalen gesellschaftlichen, grenzübergreifenden Interaktionen gegenüber steht.[66]

„Heute versteht man unter Imperialismus alle Maßnahmen, die darauf ausgerichtet sind, fremde Gebiete mit politischen, militärischen, wirtschaftlichen oder kulturellen Mitteln zu beherrschen, auszubeuten und abhängig zu machen. Imperialismus ist also – im weitesten Sinne – die Ausnutzung fremder Ressourcen ohne adäquate Gegenleistung zur Verstärkung der eignen [sic] Macht."[67]

Darwin meint: „Imperialismus kann man als den Versuch definieren, anderen Gesellschaften die Herrschaft eines Staates dadurch zu oktroyieren, dass sie in sein politisches, kulturelles und wirtschaftliches System eingegliedert werden."[68] Die meist wirtschaftlichen Interessen werden dadurch gerechtfertigt, dass die Kolonialmächte den kolonialisierten Völkern angeblich zu „moralischem und materiellem Fortschritt"[69] verhelfen.

Darwin ist der Ansicht, dass die Weltgeschichte vom Imperialismus der Reichen geprägt sei. „Ein Blick auf die Weltgeschichte legt vielmehr die Vermutung nahe, dass zumindest in der Politik imperiale Macht während der meisten Zeit der Standard war. Imperien sind Systeme des Einflusses oder der Herrschaft, in denen sich ethnische, kul-

---

64 Vgl. Röhrich, S. 51

65 Vgl. Filzmaier, Peter; Gewessler, Leonore; Höll, Otmar; Mangott, Gerhard, Internationale Politik, Wien, 2006, S. 88

66 Vgl. Filzmaier et alii, S. 88

67 Noack, Paul, Stammen, Theo, Grundbegriffe der politikwissenschaftlichen Fachsprache, München, 1976, S. 110

68 Darwin, S. 392

69 Ebenda

turelle, oder ökologische Grenzen überschnitten oder schlicht ignoriert wurden."[70]

Imperien sind großen Spannungen, z. B. Aufständen, ausgesetzt, was letztlich ihren Zusammenbruch bewirken kann. Auch die Belastungen der Bevölkerung im „Mutterland" des imperialen Staates können zu Revolten und in weiterer Folge zum Sturz der Regierung und zum Zerfall des Imperiums führen.[71]

Die Imperialismusforschung bestätigt den Zusammenhang von Industrialisierung und den daraus resultierenden zyklischen Wirtschaftsstörungen (Depressionen). Die Kolonialisierungswelle Ende des 19.Jahrhunderts ist ein Paradebeispiel dafür: Die Kolonien sollten Quelle für günstige Rohstoffe, billige Arbeitskräfte und außerdem ein Absatzgebiet sein. Gleichzeitig erhoffte man damit auch das Binnenwachstum sicherstellen.[72] Die Briten z.B. sahen Ende des 19. Jahrhunderts darin die einzig richtige Vorgehensweise gegen handelspolitische Abschottungen (z.B. der USA) und Schutzzollsysteme (des europäischen Festlandes). Zahlreiche Kriege aller damaligen Großmächte waren die Folge dieser Expansionspolitik; der Zeitzeuge Lenin bezeichnete dies als bösartigen Kapitalismus höherer Ordnung.[73]
Wann die Türkei Teil welches Imperialismus wurde (wirtschaftlich, politisch, militärisch), soll in den Kapiteln über türkische Geschichte beleuchtet werden.

4.2.1 Theorien zu Internationalen Beziehungen in der Politologie

Die Analyse jeder wissenschaftlichen Arbeit muss Konzepten bzw. Theorien nachgehen, will sie einer Systematik folgen. Für dieses Buch sollen kurz essentielle Konzepte zu Internationalen Beziehungen vorgestellt werden. Eine erschöpfende Vertiefung kann hier nicht erfolgen, da Theorieanalysen nicht der Schwerpunkt dieses Buches sind.

---

70 Darwin, S. 461

71 Vgl. Darwin, S. 463f

72 Vgl. Witt, P.-C, Holl, Karl, List, Günter (Hrsg): Liberalismus und imperialistischer Staat, Göttingen, 1975, S. 7

73 Vgl. Menke-Glückert, Peter, Liberalismus und imperialistischer Staat, Göttingen, 1975, S. 35

Die Herausforderung, vor der die Disziplin Internationale Politik steht, ist die Praktikabilität ihrer Theorien: Oft lassen diese nur Einzelfallanalysen zu, Prognosen sind kaum möglich.

Im politikwissenschaftlichen Erkenntnisgewinn haben sich Schulen herausgebildet:
Die *normativ-ontologische Schule*, die von objektiven Wahrheiten ausgeht und daraus Werte für Handlungsweisen ableitet.[74] Die klassischen griechischen Philosophen Platon und Aristoteles sind die ältesten Vertreter dieser Methode.

Der Begriff „ontologisch" beinhaltet eine Seinsordnung oder spricht über den Sinn des menschlichen Seins. Diese Dimension hat eine religiös christliche, weniger eine humanistische Bedeutung. Ontologische Betrachtungen zur Rechtfertigung einer normativ gesetzten „guten" Ordnung verhinderten aber eine dynamische Entwicklung von Demokratie und wurden als konservatives Bewahren eines bürgerlichen Liberalismus angesehen.[75] Dabei geht es auch um Normen und Prinzipien für politisches Handeln, also um die Bedingungen einer legitimen Gesellschaft.[76]
Dieser Ansatz, der nach dem Möglichem in Rahmen des gewünschten Guten strebt, ist ideengeschichtlich aufgestellt und kann (und will) daher vorausdenkend agieren und dementsprechend die politischen Handlungsträger beraten. Seine Normen stammen aus der Vergangenheit und werden in das Denken hineinprojiziert. Als Hauptanliegen dieser Schule haben sich die Fundierung der Demokratie und das Regieren herauskristallisiert. Derartige Ansätze sind hilfreich bei Spekulationen über Zeitgeist und Werteverfall.

Daraus ergibt sich als Kritik, dass Wissenschaftler Politiker beraten wollen, die alle Zusammenhänge bei Entscheidungen kennen sollten, aber wenig Unterstützung bei Risiken leisten können, denn ihr Hauptfeld sind Werte und deren Erkennen.[77]

---

[74] Vgl. Röhrich, S. 12

[75] Vgl. Alemann von, Ulrich, Forndran, Erhard, Methodik der Politikwissenschaft, 1979, Stuttgart, S. 44f.

[76] Vgl. Atac, Ilker; Kraler, Albert; Ziai, Aram (Hrsg.), Politik und Peripherie, 2011, Wien, S. 49

[77] Vgl. Naßmacher, Hiltrud, Politikwissenschaft, München, 2004, S. 499ff

Die *empirisch-analytische Methode*, oft in den Naturwissenschaften angewendet, will durch Logik zu werturteilsfreien Beschreibungen der Wirklichkeit gelangen.[78] Kopernikus, Comte und Machiavelli haben nach ihr gearbeitet. Die wissenschaftliche Basis lieferte Popper, sie wurzelt im Positivismus des 19. Jahrhunderts: nur das empirisch Erfassbare gelten als positives Wissen, Sinn und Werte gesellschaftlicher Wirklichkeiten werden als Metaphysik abgetan. Dabei gibt es das induktive und das deduktive Verfahren, die zur Erfassung der Wirklichkeit in einem nie endenden Annäherungsprozess betrieben werden.79 In der Politikwissenschaft zählen die nachfolgend behandelten Konzepte Realismus und Idealismus zum empirisch-analytischen Wissensschatz, dieser enthält die meiste vorhandene wissenschaftliche Literatur und stellt damit das „Credo der Zunft" dar.

Ziel der Forschung ist es, durch die Überprüfung von Hypothesen zu Aussagen über Regel- oder Gesetzmäßigkeiten in der gesellschaftlichen Realität zu gelangen und zu Problemlösungen beizutragen.[80] Obwohl diese Methode die empirischen Analysetechniken stark weiterentwickelt hat, so können nicht alle politischen Fragestellungen und komplexen Problembündel damit untersucht und außerdem nur unzureichend erfasst werden. Dadurch, so kritisieren die Vertreter der kritisch-rationalistischen Richtung, existieren subjektive Faktoren durch die Wahl der Fragestellung, der Wahl des Verfahrens und des Untersuchungsmaterials. Auch die Metasprache, die wichtige Faktoren der Alltagssprache ausschließt, wird zum wichtigen Thema, weil die Ergebnisse der Forschung in der Alltagssprache leichter verstanden werden können.[81]

Kritiker bezeichnen ein derartiges Vorgehen als „Stückwerkstechnologie" oder als „raumzeitlose Gesetze".[82] Die Kritik an der empirisch-analytischen Forschung definiert sich einerseits als philosophische Auseinandersetzung oder naiven Rückfall in den materialistischen Positivismus.[83] Dennoch hat sie heute große Geltung, sie verfolgt die

---

[78] Vgl. Atac et al., S. 49

[79] Vgl. Nassmacher, S 502-503

[80] Vgl. Ebenda, S. 49

[81] Vgl. Alemann von, Ulrich/ Forndran, Erhard, Methodik der Politikwissenschaft, 1979, Stuttgart, S. 48f.

[82] Naßmacher, S. 503

[83] Vgl. Alemann von, Ulrich/ Forndran, Erhard, S. 49ff.

systematisch wertfreie Beobachtung, kausale Erklärungen und die Prognose politischer Prozesse.

Nassmacher verzeichnet ab den 1960iger Jahren einen Paradigmenwechsel, auch in der Politikwissenschaftsforschung gab es „Untersuchungskonjunkturen", die versuchen, die komplexe Wirklichkeit zu spiegeln: über Institutionalismus, Pluralismus, Behaviorismus, Systemtheorie, Korporatismus, Politische Kulturforschung und Politikfeldanalyse.[84]

So konnte die empirische Sozialforschung auch diesem Fach Fundamente liefern. Siedschlag sieht den Weg dahin in der Abkehr von der auf der Chaostheorie basierenden Systemtheorie sowie dem Sicherheitskonzept.
Stattdessen schlägt er ein poststrategisches internationales Konfliktmanagement vor.[85]

Die *dialektisch-historische* (auch Frankfurter) Schule von Horkheimer, Adorno, Habermas sieht Menschen als Erschaffer ihrer Lebensumstände und basiert auf den Marx'schen Kategorien bzw. Gesellschaftsanalysen. Geschichtlichkeit ist dabei ein wichtiger Begriff, weil Gesellschaft nur historisch erfassbar und so auch wissenschaftlich zu greifen gilt. Werte wie Ordnung, Demokratie und Herrschaft seien nur konkretisierbar, wenn der historische Aspekt impliziert ist. Dialektik als Methode bedeutet, dass der einzelne Mensch immer in Beziehung zum Ganzen steht. Wichtig dabei ist, dass der Forscher als teilnehmender Beobachter arbeitet und nicht als außenstehendes Subjekt, worauf die Vertreter dieser Schule zu Recht Wert legen. Als kritische politikwissenschaftliche Theorie ist sie deshalb zu verstehen, weil sie die Praxis der Strukturen einer Gesellschaft als eine sich historisch entwickelnde Ganzheit sieht. Dabei augenfällige Phänomene wie Herrschaft und Zwang werden nicht als schicksalhaft hingenommen, deshalb wird die Abhängigkeit von Produktionsweisen und gesellschaftlichem Überbau (Ideologie, Recht, Politik) dezidiert beleuchtet.[86] Unabwendbar erscheint daher die Umkehrung der Verhältnisse, dem immer wie-

[84] Vgl. Naßmacher, S. 506 ff, wo im weiteren diese Strömungen erklärt werden, was hier aus zeitlichen Gründen unterbleiben muss.

[85] Vgl. Siedschlag, Alexander, Neorealismus, Neoliberalismus und postinternationale Politik, Opladen, 1997, S. 19ff

[86] Vgl. Filzmaier, Peter; Gewessler, Leonore; Höll, Otmar; Mangott, Gerhard, Internationale Politik, Wien, 2006, S. 89

der auftretenden Sieg der bisher Unterlegenen, aus dem Widerspruch der (derzeitigen) Produktivkräfte und Klassen.[87]

Im Gegensatz zur normativ-ontologischen Schule ist anzumerken, dass einerseits keine festgelegte Gesellschaftsordnung anzustreben sei; andererseits besteht auf der ontologischen Ebene der Glaubenssatz, dass es eine politisch handelnde Klassengesellschaft gäbe.[88]

Als Kritik an dieser Wissenschaftsschule sei der immanente Determinismus genannt, der auf den politischen Widerstand gegen kapitalistische Strukturen zählte. Eine 'Revolution' sei aber gerade in den „realsozialistischen" Ländern erfolgt.[146] An dieser Stelle möchte ich anmerken, dass sich manchmal die von Marx und Engels prophezeiten Umwälzungen durchaus einstellten, jedoch in partiellen Facetten.[89] Hobsbawm bemängelt, dass das Urteil über Marx nicht auf seinen Überlegungen beruht, sondern darauf, wie man sein Denken im 20. Jahrhundert interpretierte. Er sah das unausweichliche Ende des Kapitalismus, die historische Notwendigkeit der proletarischen Revolution, umriss aber die „klassenlose Gesellschaft" nur vage.[90]

Um auf den „kritisch-dialektischen" oder auch „gesellschaftskritischen" Ansatz näher einzugehen, der in den 1960iger und 1970iger-Jahren im Zusammenhang mit der Frankfurter Schule seinen Höhepunkt erreichte, liegt der Blick des Politologen auf der gesellschaftlichen Gesamtheit und der Geschichtlichkeit der Gesellschaft. Der Begriff der Dialektik ist auch Struktur- und Entwicklungsprinzip, wobei unterschiedliche Gruppen wie z.B. Produktivkräfte und Klassen in einem dialektischen Verhältnis gesehen werden. Auch gesellschaftliche Gegenkräfte bis hin zu gewaltsamen Klassenkämpfen wirken in dem dialektisch-historischen Prozess fort.

---

87 Vgl. Naßmacher, S. 501 ff

88 Vgl. Atac, Ilker; Kraler, Albert; Ziai, Aram (Hrsg.): Politik und Peripherie, 2011, Wien, S. 49, 146
Vgl. Filzmaier et alii, S. 90-91

89 Anmerkung: Als wahrgewordene Umwälzungen möchte ich die Kibbuzbewegung in Israel, die kubanische Revolution und die Politik Chavez in Venezuela nennen. Auch wenn jedes dieser Elemente Kritikpunkte enthält, beinhaltet es auch Verbesserungen der Lebensbedingungen der Betroffenen. Bis dato fehlen wissenschaftliche Untersuchungen zu derartiger Ereignisse.

90 Hobsbawm, Eric, Philosophiemagazin, erschienen im Philomagazin Verlag, Berlin, Nr. 5/2012, S. 77 ff

Diese lösten sich nie auf, wobei die moderne bürgerliche Gesellschaft laut Marx die Klassengegensätze nur vereinfachte. Es entstanden die beiden bekannten Lager, die Bourgeoisie und das Proletariat.[91]

„In der bisherigen Geschichte ist es allerdings ebenso sehr eine empirische Tatsache, dass die einzelnen Individuen mit der Ausdehnung der Tätigkeit zur weltgeschichtlichen immer mehr unter eine ihnen fremde Macht geknechtet worden sind (welchen Druck sie sich denn auch als Schikane des sogenannten Weltgeistes etc. vorstellen), eine Macht, die immer massenhafter geworden ist und sich in letzter Instanz als *Weltmarkt* ausweist."[92]

Ausgehend von der marxistischen materialistischen Dialektik, dem daraus resultierenden Geschichtsparadigma, mit Lenins These, der Imperialismus sei die höchste Stufe des Kapitalismus oder auch dem Ansatz von Kautsky und Luxemburg über die Unterjochung der Welt durch den Kapitalismus wegen „fallender Profitraten" im Inland[93], sehen jene Politikwissenschaftler, die kritisch-dialektische Ansätze verfolgen, eine herrschaftsfreie Gesellschaft als Ziel an.

So erklärt Rosa Luxemburg: „Die geschichtliche Dialektik bewegt sich eben in Widersprüchen und setzt auf jede Notwendigkeit auch ihr Gegenteil in die Welt. Die bürgerliche Klassenherrschaft ist zweifellos eine historische Notwendigkeit, aber auch der Aufruf der Arbeiterklasse gegen sie; das Kapital ist eine historische Notwendigkeit, aber auch sein Totengräber, der sozialistische Proletarier; die Weltherrschaft des Imperialismus ist eine historische Notwendigkeit, aber auch ihr Sturz durch die proletarische Internationale."[94]
Neomarxistische Theorien teilen mit Luxemburg die Meinung, dass „der Zwang des Kapitals zur Akkumulation und Expansion auch auf internationaler Ebene zu Strukturen der Herrschaft und Ausbeutung, zu Imperialismus führt."[95]

---

91 Vgl. Marx, Karl, Engels, Friedrich, Das Kommunistische Manifest, 1930, Wien, S. 12

92 Marx, Karl, Der historische Materialismus, 2. Band, Leipzig 1952, S. 29

93 Vgl. Berg-Schlosser, Dirk/ Stammen, Theo, Einführung in die Politikwissenschaft, München, 1974, S. 58-81, auch S. 291

94 Luxemburg, Rosa, Ausgewählte Reden und Schriften, 1. Band, 1951, Berlin, S. 389

95 Atac, Ilker; Kraler, Albert; Ziai, Aram (Hrsg.): Politik und Peripherie, 2011, Wien, S. 51

Luxemburgs Ansicht deckt sich mit Lenin, der zum Imperialismus seine Schlussfolgerungen zog: „Der Imperialismus erwuchs als Weiterentwicklung und direkte Fortsetzung der Grundeigenschaften des Kapitalismus überhaupt.“ Das wäre nach Lenin deshalb eine Weiterentwicklung, weil der Imperialismus „... die Konzentration der Produktion und des Kapitals so weit trieb, dass daraus das Monopol entstand und entsteht, nämlich: Kartelle, Syndikate, Trusts und das mit ihnen verschmelzende Kapital eines Dutzends von Banken, die mit Milliarden schalten und walten..., denn auf der einen Seite ist das Finanzkapital das Bankkapital einiger weniger monopolistischer Großbanken, das mit dem Kapital monopolistischer Industriellenverbände verschmolzen ist, und auf der anderen Seite ist die Aufteilung der Welt der Übergang von einer Kolonialpolitik, die sich ungehindert auf noch von keiner kapitalistischen Macht eroberte Gebiete ausdehnt, zu einer Kolonialpolitik der monopolistischen Beherrschung des Territoriums der restlos aufgeteilten Erde.“[96]

Ausgangspunkt dafür sind die Wahrheits- und Moralvorstellungen der Agierenden, die von den herrschenden sozioökonomischen Bedingungen und Idealen geprägt sind. Des Weiteren besteht die Attraktivität darin, dass diese Erkenntnismethode versucht, eine Verbesserung der empirischen Wirklichkeit zu schaffen und auch Gegensätze zulässt.[97]

---

[96] Lenin, W.I., Werke, Band 22, Dezember, 1915-Juli, 1916, Berlin, 1960, S. 269f.

[97] Vgl. dazu auch: Calamaros, S. 14

5. Theoriekonzepte

5.1 Der „Realismus“ zur Untersuchung internationaler Beziehungen

Realismus forderte die Abkehr vom Idealismus, eine Anpassung der Politik an die politische Wirklichkeit und seine Initiierung wurde neben den tragischen humanitären Folgen auch mit der Katastrophe für die Wissenschaft begründet, die den 2. Weltkrieg weder vorhersehen, geschweige denn verhindern konnte. Auch die damit einhergehenden Umbrüche – wie das Erstarken eines sozialistischen Lagers[98] – förderten aufgrund der Unmöglichkeit ihrer Prognostizierbarkeit den Realismus. Doch Nye nennt in seiner Analyse über den „Realismus“ in den internationalen Beziehungen bereits die großen Denker Thukydides und Machiavelli als Vertreter dieser vorherrschenden Paradigmas.[99]

Nach Hobbes sei das Streben nach Sicherheit der Auslöser für Rivalitäten zwischen den Staaten, da es keinen „obersten Schiedsrichter“ (bei ihm der Leviathan) gäbe, der quasi per Gewaltmonopol die als „anarchisch“ (herrschaftslose) empfundene Struktur der internationalen Beziehungen regle. Auch im Realismus wird die Welt als Ansammlung von Staaten gesehen, die im äußersten Fall ihre Souveränität mit Militärgewalt durchsetzen – wenn es keine über den Nationalstaaten stehende internationale Regierungsinstanz gibt. Dieser Ansatz erklärt, warum Weltpolitik gleich Machtpolitik sei – und Kriege der dominierende Faktor internationaler Beziehungen in den letzten Jahrhunderten gewesen wären.[100]

Das zugrunde liegende pessimistische Menschenbild kann durch anthropologische Grundannahmen untermauert werden (Gier und Wunsch nach Vorherrschaft – vergleiche auch die Verhaltensanalysen von Schimpansen, die gewalttätig gegen ihre eigene sowie andere Gruppen vorgehen[101]).

---

98 Vgl. Calamaros, S. 17

99 Vgl. Nye, Joseph, S., Macht im 21. Jahrhundert, Politische Strategien für ein neues Zeitalter, München, 2011, S. 46-47. Zur Person Nyes: Er ist Professor an der Kennedy School of Government in Harvard und war u.a. stellvertretender Verteidigungsminister unter Bill Clinton.

100 Vgl. Nye, S. 47

101 Vgl. Ebenda, S. 56

Im Neorealismus des 20. Jahrhunderts wird dieser Aspekt übergangen. Waltz prägte die „Logik der Anarchie“ da dezentrale Herrschaftssysteme ein gleichberechtigtes Nebeneinander bedingen – daher kann die Sicherheit eines einzelnen Staates nur durch Allianzen garantiert werden. So kann in weiterer Folge aus Vertragsrecht Gewohnheitsvölkerrecht werden.[102] Er sieht in einer Politik der Abschreckung (durch die Militärmacht) das „bestmögliche Instrument der internationalen Friedenssicherung.“[103] Einwände dagegen betrafen das Außerachtlassen von innenpolitischen, kulturellen Aspekten sowie die Problematik von Führercharakteristika.[104]

Siedschlag hofft darauf, „dass die Disziplin Internationale Politik doch dazu gebracht werden kann, den Realismus als umfassende metatheoretische Grundorientierung zu begreifen.“ Er meint, der Klassische Realismus verkörpere „ein vollständiges weltanschauliches und politisches Überzeugungssystem, das auf soliden philosophischen, methodischen und transitorischen politisch-soziokulturellen Grundlagen, bzw. Ausgangsansätzen fußt. Er ist ein vollwertiges (...) Wissenschaftssystem ...“[105]

Für Realisten ist der Kampf um Macht eine Grunddeterminante der internationalen Beziehungen. Kissinger, dessen Politik auch Auswirkungen auf Zypern hatte, wird als klassischer Vertreter einer „balance of power“ gesehen, die als einziger politische Weg zur Schaffung einer internationalen Ordnung genannt wird – siehe dazu Kapitel 6.17. Nye zeichnet eine klare Neigung der USA zum „ersten Gesicht der Macht“, die seine politische Kultur kennzeichnet und erklärt dies mit der ständigen Leichtigkeit, mit der im Vergleich zum Budget des Außenministeriums der alljährliche Etat des Pentagon aufgestockt wurde.[106] Kissinger geht davon aus, dass es bei internationalen Beziehungen nie eine völlige Zufriedenheit geben könne:
„Paradoxerweise ist aber gerade die Tatsache der allgemeinen Unzufriedenheit eine Bedingung der Stabilität, denn wenn eine Macht völ-

[102] Vgl. Link, Werner, in: Lappenküper, Ulrich, Marcowitz, Reiner (Hrsg.): Macht und Recht, Völkerrecht in den internationalen Beziehungen, Paderborn, 2010, S. 235

[103] Hubel, Helmut, Weltpolitische Konflikte, Baden-Baden, 2005, S. 28

[104] Vgl. Hubel, S. 31

[105] Siedschlag, Alexander, Neorealismus, Neoliberalismus und postinternationale Politik, Opladen, 1997, S. 35

[106] Vgl. Nye, S. 46

lig befriedigt wäre, wären alle anderen völlig unzufrieden mit dem Ergebnis, und eine revolutionäre Lage entstünde. Grundlage einer *stabilen* Ordnung ist die *relative* Sicherheit – und somit *relative* Unsicherheit – ihrer Mitglieder.“[107]

Die amerikanische Politik verfolgte diese ‘balance of power’-Politik nicht nur im Kalten Krieg – sie hatte auch ihre Auswirkungen auf die Zypernpolitik, indem die USA versuchten, das Kräfteverhältnis zwischen der Türkei und Griechenland im Gleichgewicht zu halten.

„Die Sicherheit einer innenpolitischen Ordnung beruht auf der überwältigenden Macht der Autorität, die einer internationalen Ordnung auf ausgewogenen Kräften und deren Ausdruck, dem Gleichgewicht.“[108]

„Die Gründungsväter waren selbstverständlich kluge und gebildete Männer, die sich der Bedeutung des Gleichgewichts der Kräfte in Europa bewusst waren und es geschickt beeinflussten, um die Unabhängigkeit zu gewinnen.“[109] Laut Kissinger waren die USA aber in der Folge davon überzeugt, dass sie frei darüber entscheiden konnten, ob sie sich außenpolitisch engagieren sollten oder nicht, wobei sie sich nur von „moralischen Grundsätzen“ leiten lassen wollten.
„Der rivalisierende, manchmal zynische und immer relativistische Stil der europäischen Machtpolitik wurde in Amerika als abstoßendes Beispiel dessen angesehen, was man vermeiden müsse, und als weiterer Beweis für unsere moralische Überlegenheit.“[110]

Diesen Tenor der moralischen Überlegenheit spricht auch Brzezinski an, der eine weltweite Anarchie fürchtet, würde sich die USA aus der Weltpolitik zurückziehen.[111]

---

[107] Kissinger, Henry A., Das Gleichgewicht der Großmächte. Metternich, Castlereagh und die Neuordnung Europas 1812-1822. Zürich, 1986, S. 279

[108] Ebenda

[109] Kissinger, A. Henry, Weltpolitik für morgen. Reden und Aufsätze 1982-1985. München, 1986, S. 16

[110] Ebenda

[111] Vgl. Brzezinski, Zbigniew, Die einzige Weltmacht, Amerikas Strategie der Vorherrschaft, Weinheim und Berlin, 1997, S. 53

Das Theoriekonzept zum „Realismus“ mit expliziten sechs Grundsätzen beschreibt H. Morgenthau.[112] Für ihn bestimmt die Macht das menschliche Handeln – und Politiker handeln dementsprechend nach einem dualistischen Menschenbild.[113]
Um der angenommenen anarchistischen Organisationsstruktur internationaler Beziehungen Einhalt zu gebieten, sei eine ‘balance of power’ unabdingbar. Als Kritikpunkte sei Albrechts Einwand genannt, dass nur der Machttrieb zur Erklärung unzureichend sei, es gäbe auch Evolutionen im Gruppenverhalten. Zusätzlich seien keine Prognosen möglich.[114]

Aufgrund einiger Erklärungsdefizite entstand daraus der Neorealismus, der noch von folgenden Unterschulen beeinflusst war: a) dem synoptischen Realismus (Stichworte: subjektives Interesse, multifunktionelle Macht, Perzeptionspluralismus); b) dem strukturellen Realismus (die Waltz’schen Thesen, die durch die ökonomische Spieletheorie inspiriert waren. Für ihn ist Machtgleichgewicht ein Zirkelschluss); c) dem ökonomischen Realismus (Stichwort Alternativkostenabwägung, Rational-Choice-Logik).[115]

Der synoptische Realismus, auch Münchner Neorealismus genannt, ist nach Siedschlag ein *„multi-image-Realismus“,* wodurch er sich von allen anderen (neo-) realistischen Orientierungen unterscheidet.[116]

Der strukturelle Realismus ist ein von Walz entwickelter Neorealismus, der „aus der schöpferischen kritischen Auseinandersetzung mit dem klassischen Realismus Morgenthaus hervorgegangen“[117] ist.
„Die Grundannahmen bestehen, teils in expliziter Abgrenzung zum klassischen Realismus, aus sechs wesentlichen Komponenten: einem systematisch-strukturellen Theorieverständnis, der Aufgabe des Menschenbilds des klassischen Realismus, der Einführung spezifischer systemorientierter begrifflich-konzeptueller Leitannahmen, der Ersetzung des ontologischen Machtbegriffs des klassischen Realismus durch den analytischen Leitbegriff *Sicherheit,* der Ablehnung des *balance-of-power* Konzepts des klassischen Realismus und der bewuss-

[112] Vgl. Bonacher, Thorsten, Konflikttheorien, Opladen, 1996, S. 338ff
[113] Vgl. Siedschlag, S. 49-53
[114] Vgl. Ebenda, S. 61-65
[115] Vgl. Ebenda, S. 66-115
[116] Vgl. Siedschlag, S. 68
[117] Siedschlag, S. 84

ten Einführung des Gestus einer staatszentristischen Großmachttheorie.“[118]

Der ökonomische Realismus oder Gilpin’sche Neorealismus geht von drei Annahmen aus: Internationale Beziehungen seien per se konfliktbeladen, menschliche Primärmotive in der Politik seien Macht und Sicherheit und der Staat sei eine Koalition von Koalitionen.[119]

Als Kritik am synoptischen Neorealismus nennt Siedschlag: die überbewertete Segmentierbarkeit beider Theorien, nämlich Rational Choice, ein „Entweder-oder“-Denken und ein unscharf definiertes Machtgleichgewicht. Die strukturelle Schule mache ad-hoc Annahmen und habe unverbundene Logikniveaus. Dem ökonomischen Neorealismus wird mangelnde Originalität sowie ein fehlender Strukturkonnex nachgesagt.[120]

Der daraus resultierende Postrealismus basiert auf einer Konfigurationsanalyse, flexiblen außenpolitischen ‘Figurationen’ sowie einer neorealistischen Allianztheorie.[121]

5.2 Vom Liberalismus zum Neoliberalismus in der Politikwissenschaft

„Der Liberalismus will, was die allgemeine Gesellschafts-, Staats- und Wirtschaftsauffassung betrifft, die ungehinderte Selbsttätigkeit des Menschen.“[122] Der Liberalismus sieht in der freien Entfaltung der Kräfte und Anlagen des Einzelnen den Motor für gesellschaftlichen Fortschritt. „Liberalismus (ist) zur unangefochtenen Ideologie bürgerlicher Herrschaft geworden, was historisch neu ist.“[123]

Historisch gesehen hat sich der Liberalismus aus Absolutismus und Feudalismus entwickelt, der Schlachtruf der Französischen Revolution „Liberté, Egalité, Fraternité“ kann als Kurzformel des Liberalismus dienen. Getragen vom wirtschaftlich aufsteigenden Bürgertum fand er

---

[118] Ebenda, S. 101
[119] Vgl. Ebenda, S. 100f
[120] Vgl. Siedschlag, S. 116-125
[121] Vgl. Siedschlag, S. 127-137
[122] In der Mauer, Wolf; Liberalismus, Wien, 1999, S. 14
[123] Ebenda, S. 3

seine besondere Ausprägung in der Wirtschaftspolitik. Seine Wurzeln kommen aus dem französischen Physiokratismus und der klassischen Volkswirtschaftslehre von Adam Smith (1723-1790). In seinem Werk über den *Wohlstand der Nationen* zeichnete er sein Bild einer selbstregulierenden Weltwirtschaftsgesellschaft. Sie sollte dem aufstrebenden Bürgertum dienen und beschreibt eine klassische liberale Nationalökonomie.[124]

Der Staat solle dabei nur den Schutz des Eigentums, der Sicherheit der Bürger und des freien Wettbewerbs gewährleisten.[125] Gute Institutionen stehen im Vordergrund, das Individuum hat Vorrang vor der Gesellschaft, wobei an dessen Erziehung nicht gearbeitet wird.[126] Staatliche Einflussnahme und die Verbindung von Wohlfahrtsstaat und Kapitalismus werden zunehmend unterbunden, wenn Sozialpolitik betrieben wird, so befolgt sie Regeln, die dem Kapitalismus untergeordnet sind. Dies schlägt sich in deregulierten Arbeitsverhältnissen und Lohnkürzungen nieder.[127] Die Freiheit des *laisser faire*, um die Dinge laufen und die Menschen gewähren zu lassen, diesen Anspruch auf Freiheit sieht Foucault gar als eine Entwicklungsbedingung des Kapitalismus an.[128]

Der Liberalismus (in Kombination mit einem imperialistischen Vorgehen) wird oft ursächlich mit den Weltkriegen des 20.Jahrhunderts in Zusammenhang gebracht. [129] Besonders der Laissez-Faire-

---

[124] Vgl. Röhrich, S. 24. Einschub: Smiths Annahme war, „dass wenn die einzelnen Menschen nach nichts anderem als ihrem eigenen Vorteil streben, für die Gesamtheit das Beste herauskommt". Anmerkung: auf konkurrierende Einzelinteressen wird nicht eingegangen. Röhrich nennt als Widerspruch zwischen liberalen Zielen und der daraus entstandenen Realität der Betroffenen das zunehmende Elend der Besitzlosen. Statt „Wohlstand der Nationen" kam sozialökonomische Abhängigkeit –Vgl. Röhrich, S. 25.

[125] Vgl. In der Mauer, S. 16

[126] Vgl. Brix, E., Kampits P., Zivilgesellschaft zwischen Liberalismus und Kommunitarismus, Wien, 2003, S. 15ff

[127] Vgl. ebenda, S. 284-87

[128] Vgl. Foucault, Michel; Sicherheit, Territorium, Bevölkerung, Geschichte der Gouverne-mentalität I, Frankfurt a.M., 2006, S. 77

[129] Vgl. Mommsen, Wolfgang in: Holl, Karl, List, Günter (Hrsg): Liberalismus und imperialistischer Staat, Göttingen, 1975, S. 110 Anmerkung: Ebendort finden sich auch Ausführungen über das Zusammenspiel von Imperialismus und militärischer Gewalt sowie kolonialer Ausbeutung, getarnt als „Free Trade". Vgl. ebenda, S. 111

Liberalismus galt 1925 als gescheitert. Reformiert durch den Ansatz der Kritik am Staatsinterventionismus und der Rückkehr zur Technologie des sparsamen Regierens wurde daraus der Neoliberalismus.[130] Daraus resultierte auch eine praktische Trendwende, für die das Stichwort „soziale Marktwirtschaft“ stehen mag, die – bezeichnenderweise – nicht aus dem liberalen Lager kam.[131] Siedschlag weist bei der Verwendung des Begriffs „Neoliberalismus“ darauf hin, dass dieser nicht mit weltpolitischem Liberalismus verwechselt werden sollte, der in die Weltinnenpolitik hineinspielt.[132]

Während der (Neo-) Realismus Konfliktprozesse im Fokus hat, baut das Theoriegebäude (Neo-)Liberalismus innerhalb der Internationalen Beziehungen auf Kooperationsprozessen auf. Siedschlag zitiert Hobbes, der das Bild zeichnete, dass sich Staaten wie edle Ritter verhielten, die in permanente Fehden verwickelt waren. Konträr dazu geht das neoliberale Paradigma von subtileren sozial geregelten Konfliktmechanismen aus. Die Anarchie des internationalen Staatensystems sei demnach nicht perfekt, sondern sozial konstruiert. Für Mitranys Funktionalismus stellen die ‘low politics’ (Ökonomie) eine Stabilität und damit eine Grundlage zur Friedenssicherung dar. Ausgehend von Waltz unvollständig ausformuliertem Strukturbegriff lieferte Keohane einen Klassiker für das ‘kooperative Paradigma’, für das der Neoliberalismus steht. Das Teilhaben an positiv bewerteten Effekten überwiegt nach diesem Modell die Selbstinteressen.[133]

Eine Gegenüberstellung: Im Unterschied zum Neorealismus nimmt der rationalistische Neoliberalismus im Falle vom Zustandekommen kooperativer Strukturen eine Abnahme der anarchischen Organisationsstrukturen der internationalen Beziehungen an. In Letzterem werden politische Intentionen verglichen, der Prozess ist problemgebunden.[134]

---

130 Vgl. Tuncer, Mehmet Gökhan, Von der Herrschaft zur Regierung. Die Ausbreitung und Durchsetzung der neoliberalen Gouvernementalität in der Türkei, Dissertation, Wien, 2011, S. 84ff. Anm.: Ebendort finden sich auch die Foucault’schen Analysen des Neoliberalismus.

131 Vgl. In der Mauer, S 107. Anmerkung: Vgl. ebenda, Ausführungen über Ludwig Erhard, Vgl. dazu auch die besonderen deutschen Voraussetzungen, wie das mangelnde deutsche Vertrauen in den Staat nach dem 2. Weltkrieg bei Tuncer, S. 85

132 Vgl. Siedschlag S. 152, Fußnote

133 Vgl. Ebenda, S. 151-160

134 Siedschlag, S. 165-166

Klawatsch-Treitl stellt fest, „Neoliberalismus und Globalisierung sind hegemoniale Diskurse." Ohne hier auf einen möglichen Diskurscharakter der beiden Themen einzugehen, soll darauf hingewiesen werden, dass Glaubenssysteme wie diese ein Deutungsmuster ergeben, das die Welt erklären soll und wie alle Glaubensangelegenheiten schwer zu widerlegen ist.[135]

Als Kritik kann gesagt werden, dass das Kooperationsthema auch im (Neo-)Realismus vorkommt, bereits bei dem Morgenthau'schen Machtgleichgewicht werden Kooperationen angeführt.

Nach Sauer werden Staatsdiskurse im neoliberalen Diskurs einseitig ökonomisch geführt. Sie diagnostiziert die Transformation des 'Staatsprojekts' für 'globalisierte Staaten': die Auflösung der Verbindung von Wohlfahrtsstaat und Kapitalismus ist für sie *der* Umbauprozess der westlichen Industriestaaten nach dem Zweiten Weltkrieg. Dabei sieht sie die „nationalstaatlichen Eierschalen" erodieren, der internationale Kapitalismus verlangt als Politikkonzept eine internationale Infrastruktur, wie sie beispielsweise die EU liefert. Nationalstaatliche Politik soll fit gemacht werden für die ökonomische Globalisierung, sie soll sich – überspitzt gesagt – zum Gleitmittel für weltweite kapitalistische Produktion formieren.[136]

Sauer sieht den Neoliberalismus als derzeit herrschendes Weltprojekt, dem ein Sog des Unausweichlichen zugebilligt wird. Als politische Strömung wird dieser von der ökonomischen Globalisierung initiiert, wodurch er in weiterer Folge die wirtschaftlich-fiskalischen Regeln vorgibt. Sie hinterfragt, ob der Neoliberalismus das Los der Menschen sein muss und attestiert ihm Religionscharakter, dessen Kritik Häresieverdacht erregt.[137/138]

Jürgen Mackert schreibt, dass soziale, politische und militärische Konflikte vom Ende des 19. Jahrhunderts bis 1945 zur Reorganisation von

---

135 Vgl. Klawatsch-Treitl, Eva, Entwicklungspolitische NGOs zwischen Markt und Staat, Wien, 2011, S. 113f

136 Vgl. Sauer, Birgit, Die Asche des Souveräns. Staat und Demokratie in der Geschlechter-debatte, Frankfurt/Main, 2001, S. 286

137 Vgl. Ebenda, S. 284

138 Vgl. Zu Sauers dialektisch-kritischen Anmerkungen siehe auch Kapitel 4.

Staaten und Märkten führten.[139] Folge war die Regulierung nationaler Ökonomien in Europa und der Aufbau wohlfahrtsstaatlicher Systeme (keynesianische Wirtschaftspolitik).
Doch die ökonomische Krise in den 1970er Jahren führte erneut zu Experimenten mit angeblich „freien Märkten". Der Keynesianismus wurde abgelöst – es kam zur sogenannten „angebotsorientierten Wende" in der Wirtschaftspolitik.

Es handelt sich um die monetaristische Politik der Regierungen Reagan und Thatcher (Milton Friedman-Doktrin), die zu Privatisierungen und zur Demontage des Sozialstaates führten.[140]

Seit dem Ende des 20. Jahrhunderts wurde der Neoliberalismus dann zur dominanten Wirtschaftstheorie im globalen Maßstab.[141]

Vor diesem Hintergrund entwickelte Pierre Bourdieu seine Kritik am Neoliberalismus und wies auf die Folgeeffekte unregulierter globaler Märkte hin. Er spricht sogar von einer Höllenmaschine um die negativen Folgen des globalen Kapitalismus, der kurzfristige Gewinne und maximalen Profit anstrebt, zu charakterisieren.[142]

Ebenso beschrieb Bourdieu die Effekte der neuen neoliberalen Produktionsweise, wie soziale Ungleichheit, Präkarität, Infragestellung kollektiver Strukturen der Arbeit und einen erbarmungslosen Überlebenskampf.[143]

---

[139] Mackert, Jürgen, Die Macht des Neoliberalismus und das Schicksal des Staates.
Kritische Anerkennungen zu Pierre Bourdieus zeitdiagnostischen Eingriffen in: Florian, Michael, Hillebrandt, Frank (Hrsg.): Bourdieu, Pierre, Neue Perspektiven für die Soziologie der Wirtschaft, Wiesbaden, 2006, S. 200 f.

[140] Demirer N. Göksel, Demirer, Temel, Duran, Metin, Görgün Özgür Orhangazi, Özgür, Gökcer, Yapici, Kahraman, Neo-Liberal Saldiri Kriz ve Insanlik, Ankara, 1999, S. 63

[141] Vergl. Mackert, S. 200

[142] Bourdieu, Pierre, Gegenfeuer. Wortmeldungen im Dienste des Widerstands gegen die neoliberale Invasion, Konstanz, 1998, S. 114

[143] Ebenda, S. 110ff

5.3 Konflikt-Theoretische Konzepte

Konflikttheorien sind im Rahmen der internationalen Beziehungen, insofern es dabei um Machtanalysen im Zuge der realistischen Politikschule geht, Forschungsbereiche mit dem Ziel von militärisch-wissenschaftlichen Ausrichtungen. Für dieses Buch stellen sie nur ein Mittel zum Zweck (Erschaffung eines Imperiums, s. Kapitel 4) dar, deshalb sollen sie im Folgenden nur gestreift werden.
Konflikte und politischer Realismus stehen in folgendem Zusammenhang: Politik ist laut Weber und Nietzsche der Wille zur Macht.

„Folgende fünf Verbindungen sind für die realistisch verstandene Macht und den Konflikt entscheidend: Erstens die *Allgegenwärtigkeit von Macht* und deshalb auch von Konflikt. Zweitens ihre tragische Verschwisterung mit dem Missbrauch von Macht. Drittens ist ihr unbedingter *Expansionsdrang* charakteristisch, was zu einem Verständnis der Eskalation von internationalen Konflikten beiträgt. Viertens sind Macht und damit die Ziele der Konfliktparteien im internationalen System grundsätzlich auf *nationale Sicherheit, Herrschaft und Prestige* gerichtet, und fünftens ergibt sich im Kampf um Macht häufig eine Tendenz zur *ideologischen Verschleierung* des Selbstzwecks der Macht.“[144]
Im Anschluss soll nun ein Kondensat der Hauptkonzepte erfolgen.

5.4 Handlungsorientierte Konfliktkonzeption

Dieser Konfliktansatz sieht Spannungen zwischen Handlungseinheiten (z.B. Staaten) als Ursache an, die in weiterer Folge zu Konflikthandlungen führen. Demnach wären Konflikte prinzipiell lösbar. Generell bedeuten Krieg und Krise die Unterbegriffe von Konflikten für Eberwein et al.[145] Zur Bestimmung von Konflikten ist essentiell, herauszuarbeiten, ob ein unüberwindbarer Gegensatz oder ein spezifischer Wettbewerb vorherrscht. Sie unterscheiden innerhalb der handlungsorientierten Konflikte zwei Untertypen: Interessens- und Normenkonflikte.

---

[144] Bonacker, S. 78

[145] Vgl. Eberwein, Wolf-Dietrich, Reichel, Peter, Friedens- und Konfliktforschung, München, 1976, S. 115-117

5.5 Strukturelle Konfliktkonzeption

Bei diesem Konzept wird von permanentem Konfliktpotential ausgegangen, latente Konflikte manifestieren sich zeitweilig. Sie entstehen aus der Umwelt der Konfliktgegner, aus den Beziehungen der Gegner zueinander und zu deren restlicher Umwelt. Da Konflikte demnach immer auf strukturelle Ursachen zurückführbar wären, wären sie nicht lösbar, sondern nur regulierbar.[146] Als Untertyp wird der Wertekonflikt genannt, der ein verschleierter Interessenskonflikt sein kann.[147]

Hubel führt an, wie dieser Konflikttypus besonders einer dem Realismus verbundenen Politikphilosophie entsprechen kann. Er nennt dazu als Beispiel den Peloponnesischen Krieg, das Machtstreben zwischen dem antiken Athen und Sparta, somit keine neue, 'moderne' Politikkonzeption. In Bezug auf dieses Werk ist interessant, dass internationale Beziehungen grundsätzlich als erstens) konflikthaltig verstanden werden können, zweitens die Loyalitäten der Menschen Gruppenzugehörigkeiten bewirken (z.B. Nationalstaaten aber auch Ethnien – daraus resultieren Gruppenkonflikte) und dass drittens) das Macht- und Sicherheitsstreben auch moralisches oder kosmopolitisches Gebaren diktiert.[148] Genau das nennt Hubel auch als Kritikpunkt: dieses „nicht bezähmbare Machtstreben ... als ... wesenhafte Setzung", das gleichzeitig den „liberalen" Standpunkt verdeutlicht, dass Politik eben genau dieses Machtstreben durch Regeln und Institutionen beeinflussen solle.[149]

Nach diesem Konzept wären Interessenskonflikte keine eigenständigen Phänomene, sondern vorgegeben durch ein Ungleichgewicht (Herrscher gegen Beherrschte), deshalb sind die Positionen (und damit die Werte) entsprechend festgelegt. Für Dahrendorf sind Wertekonflikte daher verschleierte Interessenskonflikte.[150]
Laut Gantzel haben handlungsorientierte Konflikte ein symmetrisches Konfliktverständnis, während bei strukturellen Konflikten das Verständnis asymmetrisch sei.[151]

---

[146] Ebenda, S. 116
[147] Ebenda, S. 117
[148] Vgl. Hubel, S. 24 ff.
[149] Ebenda, S. 29
[150] Vgl. Eberwein, S. 117
[151] Vgl. Eberwein, S. 118

5.6 Kritische Friedensforschung, Dependenz- und Weltsystemtheorie

Die Kritische Friedensforschung steht konträr zum politischen Realismus. Ihr liegt die Aufklärung als philosophisches Konzept zugrunde und sie verfolgt das Ziel einer globalen Friedenssicherheit. Anders als im politischen Realismus wird als Grundmotivation des Menschen nicht das Streben nach Macht, sondern nach Vernunft angenommen. Durch vernunftbestimmte Maßnahmen lassen sich Konflikte vermeiden oder bereinigen, weil nach Lösungsansätzen für ein menschenwürdiges Leben für alle Parteien gesucht wird, wodurch ein globaler Friede erreicht werden soll.[152]

Die Dependenz- und Weltsystemtheorie ist eine Reaktion auf Modernisierungstheorien innerhalb der internationalen Beziehungen, welche die unterschiedlichen Entwicklungsstadien der Nationen und Regionen für Konflikte verantwortlich machen. Die Dependenztheorie betreibt eine marxistische Analyse und macht auf die Gegensätzlichkeit von politischer Vergesellschaftung und ökonomischer internationaler Vergesellschaftung aufmerksam: Selbst wenn die Politik die Integration von Staaten betreibt, kann durch die innere Dynamik des Kapitalismus (Stichworte: Expansion, Arbeitsteilung, ungleicher Tausch) opponiert werden. Daraus entwickeln sich Hierarchien, wobei die Peripherien in Abhängigkeit vom Zentrum stehen.[153]

Die Türkei mag auch als ein treffendes Beispiel für die Konfliktterminologie Galtungs gelten: Er unterscheidet grundlegend zwischen struktureller und persönlicher Gewalt. Im Verhältnis zwischen armen und reichen Ländern, bei dem Abhängigkeiten und Ausbeutungen entstehen, übt für ihn das Zentrum der Macht strukturelle Gewalt auf die Peripherie aus. Da die internationalen Beziehungen auch Arbeitsteilungen regeln, ist die Interessensharmonie relativ. Für die Peripherie ergeben sich in diesem Setting Ungleichheiten der Lebenschancen.[154]

Der prominente Vertreter dieser Theorie, Krippendorf, verweist auf die soziale Funktion des Militärs als repressives Disziplinierungsor-

---

[152] Vgl. Bonacker, Thorsten, Konflikttheorien. Eine sozialwissenschaftliche Einführung mit Quellen, Opladen, 1996, S. 81f

[153] Vgl. Ebenda, S. 86

[154] Ebenda, S. 83

gan. Für ihn ist der Konnex des Ursachenkomplexes Staat, Kapitalismus und Militär für Kriege als Extremform von internationalen Konflikten verantwortlich. Die strenge militärische Ordnung (Hierarchie, Gehorsam, Disziplin), die er auch kapitalistisch-industriellen Organisationsstrukturen zuschreibt, sieht er als mitverantwortlich für die großen Verwüstungen des 20. Jahrhunderts.[155]

So schreiben auch Kraler, Atac und Ziai in *Politik und Peripherie* über die mächtige Rolle der europäischen Expansion und die dadurch entstandene Verbreiterung kapitalistischer Produktionsweisen, bedingt durch Kolonisierung und Imperialismus. Für die Entstehung der Peripherie war eine Zahl von europäischen Ländern oder von Europa beeinflussten Staaten verantwortlich, die sich mit gewaltvollen Strategien der „Unterordnung und Eingliederung in ein internationales System" Territorien aneigneten, die vormals wirtschaftlich mächtig und einflussreich waren. Dies ist eine historische Entwicklung, wobei das Bild „Zentrum-Peripherie" das Verständnis der Ungleichheit zwischen den beiden Termini ausdrückt und Macht- und Wohlstandsaspekte in einem Ungleichheitsverhältnis beschreibt.[156]

Dieses entstand dadurch, dass die wirtschaftliche Expansion des Zentrums die Ökonomien der Peripherie bedingen, wie die Dependenztheorie besagt. Die Länder der Peripherie sind in das kapitalistische System eingegliedert, diese Verknüpfung begründet die „Rückständigkeit und die Ausbeutung der peripheren Volkswirtschaften".[157]

Meiner Meinung nach wird die Türkei durch dieses Theorem gut beschrieben: Als „Zentralmächte" agieren westliche Großmächte, die Türkei unterliegt den oben genannten Peripherie-Zwängen. Durch das US-Empire wurde die Türkei zum Teil der kapitalistischen Weltordnung. Wirtschaftlich abhängig wurde es durch seine geostrategische Lage auch politisch diszipliniert. Dieser theoretische Ansatz findet sich in den meisten der folgenden Kapitel wieder, die sich mit den historischen, politischen Ereignissen beschäftigen und die die Konstellation der Konfliktparteien analytisch im Hinblick auf Zentrum (Weltmachtakteure) und Peripherie hin untersucht. Dieser Aspekt der

155 Ebenda, S. 84f

156 Vgl. Atac, Ilker; Kraler, Albert; Ziai, Aram (Hrsg.): Politik und Peripherie, Wien, 2011, S. 11 u. 13

157 Atac, Schippers in: Politik und Peripherie, 2011, S. 118

Friedensforschung dient der theoretischen Argumentation dieses Buches. Eine weitere Vertiefung soll nicht erfolgen, da angesichts der vielen Kriege nach dem 1. Weltkrieg die Friedensforschung vielfach mit dem Vorwurf der Erfolglosigkeit behaftet ist.

6. Die bilateralen Abkommen zwischen der Türkei und den USA

Mit Ende des ersten Weltkriegs etablierten sich die USA, die daran nicht teilgenommen, sondern die Rolle eines Zuschauers innehatte, 1917 als hegemoniale Macht auf der Weltbühne.
Davor war Spanien eine große Kolonialmacht, bis die USA im so genannten amerikanisch-spanischen Krieg 1898 den Einfluss Spaniens vernichteten. Damit begann die Expansion der USA als Weltmacht. Doch die gewalttätige Geschichte der USA begann schon viel früher auf dem eigenen Kontinent; als der Anführer der Siedlungsbanden, George Washington, der als Gründer der USA gilt, die indigene Bevölkerung auf blutige Weise annihilierte. Er regierte als erster Präsident von 1789 bis 1797.[158]
Die USA fühlte sich von Gott berufen, an der Spitze einer neuen Weltordnung zu stehen. Robert Kennedy selbst war der Überzeugung, die USA wären von Gott beauftragt und hätten die moralische Pflicht dazu.[159]
Nach Atatürks Tod 1938 und dem Beginn des Zweiten Weltkrieges bekam die türkische Außen- und Innenpolitik eine neue Dimension. Atatürk hatte eine unabhängige Außenpolitik betrieben und auch gutnachbarlichen Beziehungen zu den sozialistischen Ländern und anderen Nachbarländern unterhalten. 1947 und 1948 gab es bilaterale Abkommen zwischen den USA und der Türkei, wobei die USA ihre – in ihren Augen von Gott verliehene – Führungsrolle beanspruchten. Durch die Marschall-Truman-Doktrin geriet die Türkei in eine absolute Abhängigkeit von den USA. Das bilaterale Abkommen befestigte die hegemoniale Macht der USA in der Türkei bis in die Gegenwart, sodass die Türkei als Satellitenstaat der USA betrachtet werden kann.
Die Türkei trat ebenfalls der NATO bei, deren General-Stabschef US-Amerikaner war, was zu einer weiteren Abhängigkeit der Türkei von der Großmacht führte. Über 100 Militärbasen der USA wurden in der Türkei errichtet.[160],[161]

---

158 Khella, Karam, Imperialismus heute, Krieg und Frieden, Hamburg, 2012, S. 14-15

159 Deger, M.Emin, Oltadaki Balik, Istanbul, Dezember, 1993, S. 157

160 Baskaya, Fikret, Reel Atatürkcülük, Istanbul, 2007, S. 25

161 Vgl. Khella, S. 17-18

Unter der Kontrolle der USA fassten auch monopolistische Konzerne und Organisationen wie die Weltbank, IMF und ILO Fuß, die die Türkei wirtschaftlich und politisch quasi verwalten. Das bedeutet, dass die Türkei seither nicht mehr als unabhängiger souveräner Staat betrachtet werden kann.[162]
Die unannehmbaren Forderungen der Sowjet-Union wurden von Atatürks Nachfolger I. Inönü abgelehnt und die türkisch-sowjetischen Beziehungen verschlechterten sich.
Der sowjetische Staatspräsident J. Stalin stellte an die Türkei folgende Bedingungen:

„1. Vereinbarung über die gemeinsame Verteidigung der Meerengen (der Dardanellen und des Bosporus)
2. Die Meerengen werden für Kriegsschiffe der Nichtschwarzmeerstaaten für immer gesperrt, d.h. der Montreux-Vertrag wird in diesem Sinne neu geregelt.
3. Der türkisch-sowjetische Vertrag darf die Sowjetunion in keiner Weise zu einem bewaffneten Kampf mit Deutschland führen und
4. die Türkei wahrt ihre Neutralität falls die Sowjet-Union Bessarabien und die Dobrudscha in Bulgarien in Besitz nehmen sollte.“[163]

Die von der Sowjet-Union bedrängte Türkei und die Verschlechterung der türkisch-sowjetischen Beziehungen führten zu einem Näherrücken an Großbritannien und die USA. Darüber hinaus versuchte die türkische Industriebourgeoisie amerikanisches Kapital und Technik ins Land zu holen und mit den entwickelten kapitalistischen Ländern zusammenzuarbeiten.

Die intensiven Bemühungen zwischen den USA und der Türkei führten zu einem geheimen bilateralen Abkommen, das im Jahre 1946 abgeschlossen wurde. Mit diesem Abkommen wurde die unabhängige Außenpolitik von Atatürk beendet.
„Am 27. Februar 1946 wurde der erste Vertrag mit den USA über einen Kredit in Höhe von 10 Millionen US-Dollar unterzeichnet, der dem Einkauf von gebrauchtem und neuem Rüstungsmaterial in den USA diente.“[164]

---

162 Vgl. Baskaya
163 Keskin, H., Die Türkei, Berlin 1981, S. 110
164 Tunckanat, Hr. Der Hintergrund bilateraler Verträge. Zitat. Nach, Keskin. H., Die Türkei, Berlin 1981, S. 114

Das bilaterale Abkommen, das zwischen den USA und der Türkei unterzeichnet wurde, wurde unter dem Denkmantel eines Verteidigungs- und Wirtschaftssanierungsprogrammes abgeschlossen.
Der Inhalt des Abkommens, das zwischen den USA und der Türkei unterzeichnet wurde, wurde zum größten Teil der türkischen Öffentlichkeit nicht bekannt gemacht. Die Verträge wurden willkürlich und ohne Zustimmung des Nationalrates von der reaktionär-konservativen US-treuen Regierung (National Front) MC beschlossen.
Das zwischen der Türkei und den USA vereinbarte Abkommen ermöglichten den USA, mehrere strategische Ziele zu verfolgen:
Die Sicherung der Südflanke der NATO (Stationierung der militärischen US-Basen, Festigung der Position in den Ländern des Nahen Osten, Unterstützung Israels). Durch dieses geheime Abkommen wurde der Handlungsspielraum der Türkei bis in die Zukunft beschränkt.

„Dieses Abkommen wurde 1955 offiziell angenommen, ohne dass die Zustimmung der Nationalversammlung, die das verfassungsmäßig zuständige Organ darstellte, eingeholt wurde. Dieser Vertrag wurde 1969 wiederum ohne Kenntnisnahme der Nationalversammlung ergänzt und verlängert.“165
Die Zahl der militärischen US-Basen die auf türkischem Boden stationiert wurden bzw. werden, wurden der türkischen Öffentlichkeit zumindest teilweise bekannt gemacht.
In der türkischen Zeitung „Cumhuriyet“ (Republik) wurde publiziert, dass folgende Stützpunkte eingerichtet wurden:
„In Thrakien befinden sich 6 Stationen, im Umkreis Ankaras 5, vor Izmir 3, vor Diyarbakir 7, vor Incilik 2, vor Malatya 3; die bekannten Städte mit Basen und Stützpunkten sind Izmir, Karamürsel, Corlu, Ortaköy, Izmit, Eskisehir, Ankara, Elmadag, Merzifon, Sinop, Samsun, Persembe, Pazar, Sivas, Malatya, Diyarbakir, Mardin, Incirlik und Adana. Die Raketen-, Nuklearversuchs- und Beobachtungszentren befinden sich in Karamürsel, Belbasi, Sinop, Diyarbakir und Pirinclik. Nuklearwaffen und Waffenlager befinden sich in Izmir, Balikesir, Eskisehir, Cakmak, Murted, Erzurum und Erhac. Der Hafen für die Kriegsschiffe befindet sich in Tarzaburun, die Reparaturhallen in Iskenderun. Diese Militärische Anlage ist auch als Erziehungs- und Übungszentrum eingerichtet. In letzter Zeit wurde sie der Nato über-

[165] Cumhuriyet Gazetesi (Türkische Zeitung), 8.5.1976

lassen. Die US- und NATO-Basen und Stützpunkte werden wechselseitig benutzt und miteinander ausgebaut."[166]

Mit dem türkisch-amerikanischen Abkommen wurde die Türkei ökonomisch, politisch und militärisch in die NATO, CENTO und den IWF eingebunden. Dieses Abkommen brachte die Türkei gegenüber den Nachbarländern, insbesondere der Sowjetunion, in eine gefährliche Position, indem ihre eigene Bevölkerung und die der Nachbarländer einer Kriegsgefahr ausgesetzt wurden.
Als ein US-Spionageflugzeug über der Sowjetunion abgeschossen wurde, erklärte der amerikanische Pilot... „er sei in Incirlik vor Adana gestartet. Die Protesterklärung der Sowjetunion über diesen Vorfall wurde an die US-Regierung weitergeleitet."[167]

Die Zielsetzung der USA wurde von US-General Reinhard konkreter erläutert: „Das geeignete Gebiet, wo die Angriffskräfte konzentriert werden sollten, ist der Nahe Osten. Es ist für die Sowjetunion ein kritischer und neuralgischer Raum. Heer, Luftwaffe und Marine-Streitkräfte können aus diesem Raum in kürzester Frist bis tief ins Innere der Sowjetunion eindringen und strategisch wichtige Orte erreichen und zerstören.(...) Für eine solche Operation sollten die USA sich bei den Staaten im Nahen Osten, insbesondere in Persien und der Türkei um eine Erlaubnis für Militärbasen bemühen."[168]

---

[166] Cumhuriyet Gazetesi (Türkische Zeitung), 8.5.1976
[167] Cumhuriyet. 10 und 2.3.1976
[168] Fahri. M, Die US-Kriegsdoktrin, Istanbul, 1966, S. 248. Zit. nach Keskin, H., Die Türkei, Berlin 1981, S. 142.

7. Die Teilnahme der Türkei am Koreakrieg

Nach dem 2. Weltkrieg wurden die Militärkräfte der Türkei an das westliche imperialistische Militärbündnis angeschlossen und die Integration der Türkei in die kapitalistische neo-kolonialistische Welt beschleunigte sich.
Nach Atatürks Tod standen die unabhängige Außenpolitik und die internationalen Beziehungen der Türkei vor einer großen Veränderung. Die Türkei bemühte sich um ein Bündnis mit Frankreich und Großbritannien und schloss 1941 mit Hitler-Deutschland einen Freundschaftsvertrag. Am 9. August 1949 wurde die Türkei Mitglied des Europarats.[169]
Im Jahre 1950 beschloss die konservative Menderes-Regierung dem US-Imperialismus militärische Unterstützung in Korea zu gewähren, um die Zugehörigkeit der Türkei zur westlichen Welt zu beweisen.[170]
Ebenfalls im Jahr 1950 wurde der wegen seiner Brutalität berüchtigte US-General MacArthur von Präsident Truman als Oberbefehlshaber der UN-Streitkräfte gegen Korea eingesetzt. Unter dem Deckmantel einer UNO-Mission begann die Annihilation der koreanischen Bevölkerung in Millionenhöhe.[171]
„Mit der Gründung der NATO hat die längste und blutige Agressionphase in der Geschichte der Menschheit begonnen. Die nach dem Zweiten Weltkrieg vorherrschenden Friedenshoffnungen wurden zerschlagen. Das Eingreifen der USA mit NATO-Rückendeckung in Korea, nachdem zuvor Frankreich gescheitert war, hat alle friedlichen Völker bitter enttäuscht. Während der 1950er Jahre haben Zerstörungen und Massenmord durch die US-NATO-Aggression ganz Korea verwüstet und obendrein gespalten.“[172]
Der Beschluss, am Korea-Krieg teilzunehmen, wurde von der Menderes-Regierung entgegen den verfassungsrechtlichen Normen und ohne Zustimmung der Nationalversammlung willkürlich gefasst. In diesem Krieg wurden nach den Angaben der Presse 3.130 türkische Soldaten geopfert.[173]
Die gegen die Teilnahme der Türkei an der Koreainvasion demonstrierenden antiimperialistischen und demokratischen Kräfte wurden un-

---

169 Milliyet Gazetesi (Türkische Zeitung) 5.5.1974
170 Yeni Ortam 15.4.I975
171 Vgl. Khella, S. 312
172 Khella, S. 271
173 Yeni Ortam 11.9.1975

terdrückt, zahlreiche Demonstranten wurden verhaftet und diverse oppositionelle Zeitungen verboten.[174]

Der US-Senator Cain erklärte vor der Presse in Ankara bezüglich der Entsendung von 4.500 Soldaten nach Korea: „Dies wird die Aufnahme der Türkei in den Atlantik-Pakt (NATO) erleichtern.“[175]

Tatsächlich erhielt die Türkei nach der Koreainvasion 1951 das Angebot von den USA, in die NATO einzutreten. Am 10. Februar 1952 wurde die Türkei durch die Zustimmung der Nationalversammlung in die NATO aufgenommen. Damit wurde die blockfreie, neutrale Außenpolitik der Türkei aufgegeben und die Integration des Landes in den imperialistischen Block beschlossen.

---

174 Ebenda

175 Jäschke, G., Die Türkei in den Jahren 1942-1951; Zit. nach Keskin, H., Die Türkei, Berlin 1981, S. 141.

8. Der NATO-Beitritt der Türkei

Die gewährte Marschall-Hilfe der USA und die Bündnisbildung der einheimischen Bourgeoisie brachte die Türkei in eine neue Phase.
Nach der Gründung der NATO 1949 bemühte sich die US-treue Menderes-Regierung in die NATO einzutreten. Wie bereits erwähnt, war es am 19. Februar 1952 soweit, die Türkei wurde in die NATO aufgenommen. Die NATO-Staaten, vor allem Großbritannien, Belgien, Holland, Norwegen und Dänemark waren gegen den Beitritt der Türkei in den Nordatlantikpakt, da sie eine Verschärfung der Politik gegenüber der Sowjetunion befürchteten.
Nach dem Eintritt der Türkei in die NATO wurde die Führung des Militärs teilweise den NATO-Streitkräften unterstellt.[176]
Die Mitglieder der NATO durften ohne NATO-Beschluss keine Interventionen unternehmen. Die USA hingegen besetzten ohne NATO-Beschluss einige Länder, zum Beispiel den Libanon im Jahre 1958, in dem sie die in der Türkei stationierten amerikanischen Truppen und Kriegsflugzeuge einsetzten.[177]
Über die Größe des von den USA militärisch genutzten Bodens gibt es keine genauen Angaben. Die bekannten NATO-Militärstützpunkte sind an folgenden Orten stationiert: Radar, Frühwarn- und Beobachtungsstationen in Lüleburgaz, Canakkale, Izmir, Eskisehir, Ankara, Merzifon, Persembe, Sarkisla, Pazar, Erzurum, Kargapazar, Diyarbakir und Mardin; die NATO-Luftbasen in Cigli, Incirlik und das NATO-Wohnviertel in Izmir.[178]

Die aggressive Politik der USA und der NATO-Status brachte die Entwicklungsländer in eine benachteiligte und gefährliche Situation. Der US-Generalstabschef erläuterte ganz offen: „Es ist für uns zwingend, dass wir in Überseeländern Basen haben. Alle Amerikaner müssen begreifen, von welcher Wichtigkeit es ist, dass wir den Feind außerhalb unserer eigenen Grenzen angreifen und von diesen Basen aus, die ersten Angriffe starten. Es wird sonst unmöglich sein, unsere Streitkräfte sowie das US-Territorium in einem neuen Krieg mit geringsten Verlusten aus dem Kriege zu führen. Die Basen, die das Herz

---

[176] Milliyet Gasetesi (Türkische Zeitung) 6.12.1975
[177] Cumhuriyet Gazetesi (Türkische Zeitung)8.5.1976
[178] Ebenda

des Feindes treffen sollen, müssen in den Ländern aufgebaut werden, die dem feindlichen Boden am nächsten sind.“[179]

Die NATO-Abhängigkeit der Türkei und das bilaterale Abkommen mit den USA belasteten auch das Staatsbudget der Türkei. Der Türkei blieb nichts anderes übrig, als die verlangten Ausgaben in Kauf zu nehmen.
Die nachstehende Tabelle zeigt die Beteiligung der NATO-Mitgliedstaaten am Verteidigungsbudget der NATO, bezogen auf das Bruttonationaleinkommen (in Prozent):

Land	**1970**	**1972**	**1974**
Luxemburg	0,9	1,0	0,9
Dänemark	2,8	2,8	2,6
Italien	3,0	3,4	3,0
Belgien	3,3	3,1	3,1
Frankreich	4,7	4,2	3,8
Niederlande	3,8	3,8	3,8
Norwegen	4,1	3,9	3,8
BRD	3,7	3,9	4,1
Türkei	4,7	4,7	4,1
Griechenland	5,6	5,2	5,0
Portugal	7,9	8,0	6,4
Durchschnittsumme der Europäischen Länder	4,2	4,3	4,1

Land	**1970**	**1972**	**1974**
Kanada	2,8	2,5	2,4
USA	8,7	7,3	6,6
Durchschnittsquote der NATO Länder	6,7	5,9	5,3[180]

Aufgrund der Belastungen, die durch die Militärbasen der NATO entstanden sind, wird und wurde die Türkei in eine Zwangslage gebracht, in der eine unabhängige Außenpolitik mehr und mehr eingeschränkt

[179] Fahri, M. Die US-Kriegsdoktrin, Istanbul, 1966, S. 248. Zit. nach Keskin, H., Die Türkei, Berlin 1981, S. 142.
[180] Cumhuriyet Gazetesi (Türkische Zeitung) 17. Mai 1975.

wurde und sie somit keinen freien Spielraum für ihre außenpolitischen Interessen mehr inne hat.
Das gilt nicht nur für die Türkei, sondern auch für die anderen Länder, die in die NATO assimiliert werden sollten.

Man möchte glauben, dass die NATO das militärische Bündnis dafür benutzt, um ihren Einfluss mehr und mehr auszudehnen und damit eine Welthegemonie zu schaffen.

9. Die Türkei in den Paktsystemen der USA

Nach der Beendigung des Zweiten Weltkrieges plante der US-Imperialismus aufgrund seiner Macht, die sogenannte „Freie Welt“ zu kontrollieren. Die militärische Kontrolle des Mittelmeers erschien den USA ebenso wichtig wie der Einfluss über den Nahen Osten.
Mit Unterstützung der USA fixierte die Türkei ab 1954 ihre außenpolitischen Beziehungen und unterzeichnete 1955 den Bagdad-Vertrag mit dem Irak. Danach wurden Großbritannien, Iran und Pakistan in den Pakt aufgenommen.[181]

Dagegen hatten sich Ägypten und Syrien von der Türkei und dem Irak distanziert, die eine US-orientierte Außenpolitik betrieben. Somit war der gegründete Pakt gegen die Einheit der arabischen Länder gerichtet. Das irakische Militär unter der Führung der Baath-Partei stürzte 1959 den König und der Irak trat daraufhin aus dem Bagdad-Pakt aus. Dieser Pakt wurde in die CENTO (Central Treaty Organisation) umgewandelt. Die USA beteiligte sich im selben Jahr durch ein zweiseitiges Abkommen an der CENTO.
Der als NATO- und CENTO-Partner gegründete Pakt, SEATO (South Asia Treaty Organisation) wurde 1973 – nach der Befreiung Vietnams vom US-Imperialismus – aufgelöst. CENTO wurde 1979 nach dem Sturz des Schah-Regimes im Iran aufgelöst.
Die Türkei wurde als CENTO-Mitglied dazu verpflichtet, im Kriegsfall auf der Seite ihres Paktpartners gegen die sozialistischen oder die blockfreien Länder zu kämpfen. Auch im Falle eines Angriffs auf die Türkei, bei dem diese völlig zerstört zu werden drohte, hatten die CENTO-Partner die Verpflichtung, einzugreifen.[182]
USA-Außenminister Dulles erläuterte die Aufgabe des Bagdad-Pakts ganz konkret: „Das Ziel des CENTO-Pakts liegt darin, den Kommunismus in den Nahost-Ländern zu verhindern.“[183]
Großbritannien hatte sich als NATO-Partner und Mitglied des Bagdad-Paktes um die Stärkung seiner strategischen Position bemüht, um sein Erdölmonopol im Nahen-Osten zu bewahren. Es wollte auch mit seinen NATO-Partnern gegen antiimperialistische Befreiungsorganisationen kämpfen und den Einfluss der Sowjetunion im Nahen-Osten

[181] Schmitt, E. Türkei, Express Edition, Berlin, 1984. S. 40
[182] Cumhuriyet (Türkische Zeitung), 6.5.1976
[183] Halil, A., Atatürkische Außenpolitik, NATO und die Türkei. S. 154, Istanbul 1968.

eindämmen. Die westlichen imperialistischen NATO-Länder drängten darauf, dass die Existenz der Völker der Dritten Welt bedroht würde, dass die unabhängigen Entwicklungen dieser Länder verhindert würden und dass das Selbstbestimmungsrecht dieser Länder mit Füßen getreten werden sollte.

Bei allen Pakten zwischen den USA und anderen Staaten, vertrauten die USA hauptsächlich auf die NATO, die sie als einzigen wirklich stabilen Pakt betrachteten, um ihre Weltmachtstellung abzusichern. NATO-Stützpunkte sind weltweit verteilt. Von den Mitgliedsstaaten aus können alle Ziele auf dem Globus erreicht werden. Mithilfe der NATO ist die Hegemonialmacht der USA zementiert. Krieg kann nicht nur jederzeit stattfinden, er findet tatsächlich bereits statt.

Nachstehend sind unabhängig von der Türkei die weiteren Paktsysteme neben der NATO und CENTO aufgelistet, welche die USA mit anderen Ländern bildeten.

„1. Die Nordatlantikvertragsorganisation ‘NATO’
2. Pakt von Rio und der Panama-Kanal-Vertrag binden kollaborationsbreite Regime Mittel- und Südamerikas an die USA.
3. Verteidigungsabkommen mit Südostasien ‘SEATO’.
4. Verteidigungsabkommen mit dem pazifischen Raum ‘Pazifischer Pakt’.
5. Bilaterale Verträge mit Japan, Südkorea und den Philippinen.
6. Der Manila-Pakt, durch den auch Thailand in den Kreis der US-Satellitenstaaten einbezogen wird.
7. Der ANZUS-Vertrag mit Australien und Neuseeland.
8. Eine Reihe anderer Länder wird durch ‘Militärhilfe’ und gemeinsame Manöver mit den USA verbunden.“[184]

[184] Khella, S. 255

10. Entwicklungshilfe an die Türkei

Durch die Entwicklungshilfe an die Türkei wollten die imperialistischen Länder eine verstärkte politische, ökonomische sowie militärische Abhängigkeit dieses Landes erwirken und es somit in ihr kapitalistisches System integrieren.
Zugleich benutzen die entwickelten kapitalistischen Länder die „Entwicklungshilfe“ als Propaganda gegen den Kommunismus, angeblich im Namen der „Freien Welt“.

Nach intensiven Bemühungen erhielt die Türkei aufgrund des Marshall-Plans Entwicklungshilfe. Diese Hilfe wurde auf finanzieller, technischer und militärischer wie auch bildungs- und sozialverwaltungstechnischer Ebene gewährt.

„Die Türkei erhielt von den USA zwischen 1948 und 1973 ökonomische ‘Hilfe’. Davon sind 887,6 Milliarden US-Dollar als ‘Geschenke’, 631 Millionen als Programmkredite, 585,9 Millionen als ‘Agrargüterhilfe’, 512,8 Millionen als Projektkredite, 98,2 Millionen als ‘technische Hilfe’ und ‘Spenden’, 110,6 Millionen als ‘Hilfe für das Verbot der Mohnproduktion’ verwendet worden.“185

Der amerikanische Imperialismus führte in der Türkei unter dem Vorwand, „Entwicklungshilfe“ zu gewähren, eine Zentrum-Peripherie-Strategie durch.

„In den letzten 23 Jahren erhielt die Türkei von den USA außerdem 4,017 Milliarden US-Dollar als militärische ‘Hilfe’; davon wurden 3,142 Milliarden in Form von veralteten Militärausrüstungen im Werte von 828 Millionen US-Dollar verschenkt, 12 Millionen für Offizier- und Soldatenausbildung benutzt und 35 Millionen als Kredit für Einkäufe militärischer Ausrüstungen verwendet.“[186]
Ein weiterer Teil der „Entwicklungshilfe“ wurde als Bildungs- und Sozialhilfe angesehen, die in einem Vertrag zwischen den USA und der Türkei festgelegt wurde.
Als Bildungs- und Sozial***hilfe*** wurden Stipendien an türkische Studenten ausgegeben. „Die NATO vergibt die sogenannten NATO-

---

[185] Milliyet (Türkische Zeitung) 13.7.1974
[186] TIB, Aylik Bülteni (Zeitschrift für Ökonomie) 9.3.1975

Doktoranden-Stipendien an die türkischen Doktoranden, die in den entwickelten Ländern studieren."[187]
Eine weitere wichtige „Entwicklungshilfe" war und ist die „Militärhilfe". Seit der NATO-Mitgliedschaft der Türkei fließt mehr „Militärhilfe" aus den USA ins Land. Sie umfasst Waffen- und Munitionslieferungen, um die Stützpunkte einzurichten und die Truppen in verschieverschiedenen Orten zu stationieren.
Die „Militärhilfe" war kein Geschenk, sondern ein Kredit, den die Türkei zurückzahlen musste. „Die US-Militärhilfe führte zu einer starken Belastung der türkischen Zahlungsbilanz, da die Türkei für die Unterhaltung und die Einfuhr von Ersatzteilen der US-Rüstungsgüter große Summen benötigte. Insbesondere im Verhältnis zu den USA entstand ein umfangreiches Außenhandelsdefizit, welches neue Abhängigkeiten schuf; um die seit 1947 regelmäßig auftretenden Handelsbilanzdefizite mit den USA auszugleichen, wurde es gleichfalls notwendig von den USA auch weitere finanzielle 'Hilfe' mit zusätzlichen Konzessionen in Anspruch zu nehmen."[188]

Eine andere Art der „Entwicklungshilfe" waren aus den USA entsandte Experten und Berater. Sie waren angeblich in staatlichen und privaten Instituten tätig sowie in den Verwaltungen des Premierministers, des Auslands-, Verteidigungs-, Finanz- und Handelsministers und an den Universitäten.
„Allein im militärischen Sektor sind 174 Berater und Experten aus den USA beschäftigt. Durch die USA beauftragte Berater und Experten bekommen monatlich zwischen 50.000 und 90.000 TL. Das ist das zehnfache des Einkommens der türkischen Berater und Experten mit gleicher Ausbildung und Funktion."189
Durch die Gewährung der „Entwicklungshilfe" erlangten die Amerikaner in der Türkei großes Vertrauen und gewannen an Bedeutung, da die ehemalige konservative Menderes-Regierung den Forderungen und Empfehlungen der amerikanischen Experten entsprach.
Die Zielsetzung der US-treuen Menderes-Regierung war, aus der Türkei ein kleines „Amerika' zu machen, unter dem Motto: „In jeder Straße einen Millionär aufbauen."
Die einseitige Forderung und die zugunsten der privaten Investitionen verfolgte Wirtschaftspolitik der ehemaligen Menderes-Regierung

---

[187] Cumhuriyet Gazetesi (Türkische Zeitung) 3.2.1974
[188] Schmitt. E., Türkei, S. 35 Express Edition, Berlin, 1984
[189] Cumhuriyet Gazetesi (Türkische Zeitung) 28.1.1976

führte die Türkei in die soziale und ökonomische Krise: Die Auslandsverschuldung stieg von Jahr zu Jahr an und die türkische Lira wurde erstmals drastisch abgewertet. „Die Auslandschulden der Türkei stiegen von 21,1 Millionen TL im Jahre 1949 auf 1,7 Milliarden TL im Jahre 1960.“[190]
Der amerikanische Imperialismus beabsichtigte mit der sogenannten „Entwicklungshilfe“, die Türkei zu verschulden, ihre Abhängigkeit zu verstärken und in eine benachteiligte Position zu bringen. Aufgrund der bilateralen Verträge konnte die Türkei die Forderungen der USA leichter erfüllen; zum Beispiel musste die Türkei Rohstoffe und Bodenschätze an die USA liefern, natürlich zugunsten der USA.
Darüber hinaus wollten die US-Wirtschaftsexperten, dass die Türkei ein Agrarstaat bleiben sollte. Die Bestrebungen der Türkei, eine Schwerindustrie zu errichten, wurden von den USA ohne Rücksichtnahme auf die türkischen Behörden verhindert.

Die US-Wirtschaftsexperten kommen bloß zur Entscheidung. „Für die Erzeugung der Ernte sind meist einfache Holzflüge, Handwerkzeuge und Wagen notwendig. Manche von denen können in der Türkei hergestellt und manche montiert werden. Die Hersteller von landwirtschaftlichen Maschinen in den USA wissen sehr gut, welche Werkzeuge am Ort hergestellt, welche montiert und welche als fertige Produkte importiert werden sollen.“[191]

---

190 Görgün. S., Die Auslandsschulden der Türkei, S, 346. Zit, nach Keskin. H., Die Türkei, Berlin, 1981, S. 147

191 Agreement Between the US-Goverment and the Government of the Turkish Republic on Aid to Türkei. Zitat nach Keskin. H., Die Türkei, Berlin, 1981 S. 119

11. Die Rolle des Internationalen Währungsfonds in der Türkei

Der im Jahre 1944 gegründete IWF (Internationale Währungsfonds) hat den Status einer Sonderorganisation der Vereinten Nationen.
Das Hauptziel des IWF ist die Förderung der internationalen Zusammenarbeit der kapitalistischen Staaten in Währungsfragen und der Aufbau einer kapitalistischen Marktwirtschaft sowie eines Handels- und Zahlungssystems.

Heute gehören der Organisation 141 Länder an, darunter die Türkei als einflussloser Staat.

Die IWF-Kredite werden unter strengen Bedingungen vergeben. Diese Bedingungen verlangsamen die wirtschaftliche Entwicklung der Türkei als Entwicklungsland und binden das Land fester an die imperialistischen Länder. Aus diesem Grund wurde in der Türkei die ökonomische, soziale und politische Krise immer weiter verschärft.

Der Internationale Währungsfonds (IWF) schickte einen Experten in die Türkei, um seine monetaristischen Theorien durchzusetzen.
In Verhandlungen mit dem IWF und der türkischen Regierung wurden die folgenden Bedingungen für neue Kredite genannt:

„1. Drosselung der Banknotenproduktion, da ein zu hoher Geldumlauf maßgebend zum Ansteigen der Inflation beigetragen hat:
2. Senkung der Staatsausgaben;
3. Einschränkung der Subventions- und Kreditpolitik gegenüber den staatlichen und vom Staat überwachten Betriebe, die mit Defizit arbeiten;
4. Drastische Abwertung der türkischen Lira und Schaffung von stabilen Paritäten zu den wichtigsten westlichen Währungen;
5. Ausbau der einheimischen Energieproduktion, um die Importe von Erdöl zu senken und so die Zahlungsbilanz zu entlasten;
6. Erhöhung der Energie- und Treibstoffpreise, damit Brennstoffe sparsamer verbraucht werden;
7. Ausbau der devisenbringenden Produktions- und Dienstleistungsbereiche, insbesondere des Tourismus;
8. Verbesserung der Bedingungen für ausländische Kapitalbeteiligungen und Firmenniederlassungen in der Türkei, vor allem durch Beseitigung der bürokratischen Hemmnisse;

9. Erhöhung der indirekten Steuern, damit der Verbrauch eingedämmt und das Steueraufkommen des Staates verbessert wird. Reform der Steuergesetze;
10. Einfrieren der Löhne und Gehälter;
11. Förderung des Sparens durch Zinserhöhung und Stabilitätspolitik."[192]

Die IWF Forderungen wurden im Juli 1979 von der Regierung-Ecevit teilweise erfüllt. Im Lauf der Zeit wurde die Lebenssituation der Arbeiter, Angestellten, Bauern und Werktätigen unter das Existenzminimum gedrückt. Der sozialdemokratische Führer, Premierminister Ecevit, dessen Anhänger Arbeiter und Bauern waren, hatte die Wahl im Oktober 1979 verloren.
Die neu gebildete konservative Regierung unter der Führung von S. Demirel erfüllte einen Großteil der Forderungen des IWF. Damit sank der Außenwert der türkischen Lira, gleichzeitig stiegen die Preise aller Güter an, die Reallöhne sanken um mehr als ein Drittel und die Hälfte der Gesamtbevölkerung litt unter den verschiedenen Auswirkungen der Unterernährung.

Die ökonomische Krise und die Eskalation der Massenunruhen verschärften die Gegensätze zwischen Arbeitnehmern und Arbeitgebern. Die Streiks und Demonstrationen, die von den Gewerkschaften und fortschrittlichen Verbänden organisiert wurden, wurden von der reaktionären Regierung unterdrückt. Dabei kamen zahlreiche Menschen ums Leben.
Die Vertreter der Gewerkschaften und der demokratischen Verbände wurden wegen „terroristischer" Tätigkeiten verhaftet und bestraft.
Wenig später kam 1980 das Militär durch einen Putsch an die Macht, das die Forderungen des Internationalen Währungsfonds nur durch diktatorische Maßnahmen durchsetzen konnte.
„Am 12. September 1980 putschten die Militärs entsprechend ihrem lang vorbereiteten Plan. Sie hoben das Streikrecht auf, verboten die Gewerkschaften, inhaftierten tausende Oppositionelle und begannen damit, die Forderungen des IWF bis zur letzten Konsequenz durchzuführen."[193]

---

[192] Werle, R., Türkei, Hamburg 1983, S. 89
[193] Ebenda S. 114

Nach der Erfüllung der monetaristischen Wirtschaftspolitik des Internationalen Währungsfonds erhielt die Türkei nunmehr die gewünschten Kredite.
„Deshalb flossen 1980 vom IWF 520 Millionen Dollar in die Türkei; die OECD, die Weltbank und andere Kreditgeber vergaben insgesamt Kredite in Höhe von 2,358 Milliarden Dollar. Zusätzlich wurden 1,450 Milliarden Dollar früherer Schulden umgeschuldet, das heißt, ihre Rückzahlung wurde auf einen späteren Zeitpunkt verschoben. Damit standen der Türkei 1980 insgesamt 4,310 Milliarden Dollar zur Sanierung ihrer Wirtschaft zur Verfügung. Für 1981 ergibt sich ein ähnliches Bild: Die Türkei erhielt vom IWF 335 Millionen Dollar; die Kreditsumme belief sich auf insgesamt 1,560 Milliarden Dollar. 850 Millionen wurden umgeschuldet, sodass der Türkei insgesamt 2,745 Milliarden Dollar zur Verfügung standen. Hinzu kam, dass es durch die ständige Abwertung der türkischen Lira und die steigenden Zinsen auf Spareinlagen für im Ausland arbeitende Türken immer attraktiver wurde, ihr Geld in die Türkei zu überweisen. 1979 betrugen diese Überweisungen noch 1,696 Milliarden Dollar, um dann 1980 auf 2,070 und 1981 auf 2,490 Milliarden anzusteigen.“[194]

Die Abwertung der türkischen Lira auf Empfehlung des Internationalen Währungsfonds (IWF) trug nicht zur Sanierung der türkischen Wirtschaft oder zur Beseitigung des Außenhandelsdefizits bei, sondern vertiefte die gesellschaftliche und wirtschaftliche Krise in der Türkei.

Die Abwertung der türkischen Lira betrug innerhalb von 22 Jahren das 34fache gegenüber dem amerikanischen Dollar. Nur 1980 wurde die türkische Lira gegenüber dem amerikanischen Dollar um rund 90% abgewertet.

---

[194] Ebenda S. 118

Die nachstehende Tabelle zeigt die Abwertung der türkischen Währung:

Ausgangswert: Datum der Abwertungen	1 US-Dollar entsprach *2,80* TL	Abwertung in %
23. August 1958	auf 9,04 TL	223,0
10. August 1970	auf 15,15 TL	67,5
Kleine Abwertungen in den Jahren 1975-77	auf 19,25 TL	27,0
März 1978	auf 25,00 TL	30,0
April 1979	auf 26,05 TL	4,0
11. Juni 1979	auf 47,00 TL	80,0
25. Januar 1980	auf 70,00 TL	49,0
Weitere Abwertungen bis Ende März 1981	auf 96,00 TL	37,0[195]

Die Forderung des Internationalen Währungsfonds, die als Sanierungsprogramm der türkischen Wirtschaft galten, verursachte eine höhere Belastung der türkischen Zahlungsbilanz. Somit wurde die strukturelle Importabhängigkeit vom Ausland beschleunigt. Die folgenden Beispiele zeigen das konkret:
„Die 24 in der Türkei tätigen Firmen aus der Bundesrepublik Deutschland bezogen aus dem Export ihrer Produktion im selben Jahre Devisen in Höhe von 1,640 Milliarden amerikanischen Dollar. Sie führten rund 40 % ihres Produktionswertes aus dem Ausland in die Türkei ein. Die gesamten Exporteinnahmen der Türkei betrugen im selben Jahre 1,4 Milliarden amerikanische Dollar“[196]

Die Liberalisierung der türkischen Wirtschaft kann als die größte wirtschaftliche Änderung seit ihrer Mitgliedschaft im IWF angesehen werden.

Im Januar 1980 fand nach den monetaristischen Forderungen des internationalen Währungsfons eine Abwertung der türkischen Währung um 48 Prozent statt. Für ausländische Investitionen waren neue Fördermöglichkeiten vorgesehen. Es wurde die Politik der freien Preisbil-

[195] Statistical Yearbook of Turkei 1977, S. 313, Zit. nach Cumhuriyet (Türkische Zeitung) 26.1.1980

[196] Milliyet (Türkische Zeitung) 28.12.1977

dung zugelassen, was einen starken Konsumverzicht im Lande zur Folge hatte.
In diesem Zusammenhang wurden die Spar- und Kreditzinsen freigegeben, sodass die Sparzinsen auf 50 Prozent stiegen und gleichzeitig diese Maßnahmen einen Anstieg der Kreditzinsen auf 70 Prozent bewirkten.

Wegen der Forderungen des Internationalen Währungsfonds und der monetaristischen Wirtschaftspolitik der Türkei verschlechterten sich die Lebensbedingungen der Gesamtbevölkerung.
Nachstehende Tabelle zeigt das Verhältnis der Preissteigerung der Nahrungsmittel zur Arbeitszeit.
Arbeitszeit, um ein Kilo Brot kaufen zu können

1963	*Zuwachs Mai 1981*	*Zuwachs Januar 1982*
44 Minuten	*34,1% 59 Minuten*	*23,7% 73 Minuten*[197]

Die monetaristische Politik hat zwischen 1981-82 in kurzer Zeit eine Steigerung der notwendigen Arbeitszeit verursacht. Demnach musste ein Arbeiter nun 73 Minuten arbeiten, um ein Kilo Brot kaufen zu können. Das Einfrieren der Löhne und der Gehälter, wie es der internationale Währungsfonds gefordert hat, führte zu einem Anstieg der Preise von Konsumgütern in astronomischen Dimensionen.
Nachstehende Tabelle zeigt die Inflationsrate.

Die Preisentwicklung ausgewählter Waren. Januar 1980 bis Dezember 1981:

	1.1.1980 (Lira)	*1.12.1981 (Lira)*	*Zuwachs % (%)*
1 Kilo Brot	*15,63*	*37,50*	*140*
1 Kilo Mehl	*20,00*	*60,00*	*200*
1 Kilo Reis	*19,65*	*120,00*	*202*
Nudeln	*12,50*	*38,00*	*204*
Zucker	*18,00*	*90,00*	*400*
Tee	*100,00*	*250,00*	*150*
Milch	*37,50*	*100,00*	*166*
Staubsauger	*7,200*	*12,560*	*74*
Waschmaschine	*23,250*	*48,450*	*94*
Renault 12	*530,000*	*990,000*	*87*[198]

197 Vgl. Werle, R., S. 118
198 Vgl. Werle, R.

Das Aufheben der Preisregulierung aufgrund der neuen Wirtschaftspolitik 1978 verursachte neben dem Anstieg der Inflationsrate auf 108 Prozent zusätzliche Probleme, die sich in der Entstehung von Gräben zwischen unterschiedlichen Bevölkerungsgruppen manifestierten.

Die bisherige wirtschaftliche Entwicklung der Türkei und die verschiedenen Phasen, die vom Internationalen Währungsfonds (IWF) durchgesetzt wurden, sollten die Zukunft der Türkei langfristig beeinflussen.

12. USA, CIA und Gewerkschaftspolitik

Nach dem Zweiten Weltkrieg trat die Arbeiterbewegung in der Türkei in eine neue Phase. Die Verschlechterung der Lebensbedingungen der Arbeiter, Bauern, Werktätigen und kleinen Händler beschleunigte sich permanent. Die Verelendung weiter Teile der Bevölkerung und die Monopolisierung der einheimischen Bourgeoisie erfolgten parallel.
Eine Organisierung der Arbeiterklasse und politische Aktivitäten waren verboten. Andererseits wurden reaktionärere Gewerkschaften (Gelbe Gewerkschaft) zugelassen. Sie wuden von der herrschenden Klasse und den ausländischen Verbündeten unterstützt.
Die im Jahr 1952 gegründete „Türk-Is" (Vereinigung der Arbeitnehmergewerkschaften der Türkei) blieben politisch neutral und anscheinend unparteiisch. Türk-Is wurde nach amerikanischem Vorbild aufgebaut. Sie wurde zusätzlich mit finanziellen Mittel der US-Gewerkschaften unterstützt.
„Die ihr nicht angeschlossenen Gewerkschaften wurden von der Menderes-Regierung (Demokratische Partei) unterdrückt. Einige wurden verboten, da sie gegen die mit amerikanischen Experten und CIA-Vertretern zusammenarbeitende gelbe Gewerkschaftsführung von Türk-Is auftreten."[199]
US-Gewerkschaften und CIA spielten bei der Gründung und den Aktivitäten (bzw. der Manipulation) von Türk-Is eine große Rolle.
„Aufgebaut hat Türk-Is ein Mann namens Irwing Brown, Europa-Repräsentant (der American Federation of Labour) und, wie später enthüllt wurde, wichtigster CIA-Agent für die Kontrolle der ICFTU (International Confederation of Free Trade Union)."[200]
In den 1955er-Jahren wurden die Gewerkschaft AFL (American Federation of Labour) und CIO für die amerikanische Expansionspolitik im Ausland gegründet. Sie wurden von der CIA finanziell unterstützt und manipuliert.[201]
Neben den CIA-Gewerkschaften sind die gegründeten „Covert actions" die wichtigsten Instrumente der CIA. Sie haben in vielen verschiedenen Ländern im Interesse des US-Imperialismus Terror, Provokationen usw. durchgeführt. Die Aufgaben der „Covert actions" wurden im Final Report publiziert:

---

199 Cumhuriyet (Türkische Zeitung) 14.4.1976 Die Kontrolle der ICFTU (International Confederation of Free Trade Union).
200 Roth, J., Taylan, K., Die Türkei, Bornheim 1981, S. 95.
201 Ebenda S. 95.

„Um Regierungen zu beeinflussen, zu stürzen, politische Bewegungen wie Gewerkschaften zu infiltrieren, missliebige Personen zu töten. Tausende von diesen CIA-Aktionen wurden seit Ende 1947 unternommen.“[202]
Das in den 60er-Jahren gegründete AAFL (Asian Amerikan Free Labour Institute) schickte ihre Agenten und Experten in die von ihnen gewählten Länder, um dort stattfindende Streiks zu brechen und die progressiven Arbeiterbewegungen zu spalten.
„AAFLIs erster Program-Direktor für die Türkei war der ehemalige US-State Deparment Arbeitsattache, Emanuel Boggs. E.Boggs war zuvor Direktor des CIA-kontrollierten ‘Front Royal Instituts’ und danach in Chile tätig. Tn Chile konnte er Erfahrungen für die Türkei sammeln. Er war dort als führender CIA-Agent zuständig für die Beeinflussung der chilenischen Gewerkschaften und Arbeitnehmerorganisationen, bis zum Putsch von Pinochet. Dann hatte er seine Aufgabe erledigt und wurde in die Türkei versetzt.“[203]
Nach dem Sturz des Menderes-Regimes (Demokratische Partei) durch die kemalistischen Offiziere 1960 und der Verkündung der demokratischen und liberalen Verfassung wurden in der Türkei Streiks und Lockouts anerkannt.
Die gelbe Gewerkschaft Türk-Is konnte bis 1960 als Vertreter der türkischen Arbeiterklasse ihre Funktion nicht erfüllen, weil sie mit dem Arbeitgeberverband kein annehmbares Tarifabkommen getroffen hatte. Es entstand eine große Opposition gegen Türk-Is, was 1967 zur Gründung des progressiven Gewerkschaftsbunds „Revolutionäre Arbeitergewerkschaftsföderation“ (DISK) führte.
Bald spielte DISK in der politischen Arena eine große Rolle. Immerhin konnte der Gewerkschaftsbund eine zunehmende Mitgliederzahl von 1.000.000 Personen verzeichnen.
Viele unabhängige Gewerkschaften und ehemalige Türk-Is Anhänger hatten sich der DISK angeschlossen. Sie kämpften für die Rechte der Arbeiter und gegen die einheimischen und ausländischen Monopole.
„Am 1. Mai 1976 organisierte DISK trotz weiterer Verbote eine legale Maikundgebung; neben zahlreichen unabhängigen Gewerkschaften und fortschrittlichen Parteien feierten allein in Istanbul weit über

---

[202] Vgl. Final Report, Book 1, Foreign Operations with Respect of Intelligence Activities. US-Government Printing Office Washington, April 1976. Zit. nach Roth, J., Taylan, K., S. 96
[203] Ebenda S. 100

300.000 Menschen den l. Mai als internationalen Kampftag der Arbeiterklasse."[204]

Disk führte einen ökonomischen Kampf gegen die Verschlechterung der Arbeits- und Lebensbedingungen der Arbeiter. Sie wollte eine Veränderung des Sozialen Lebens sowie höhere Löhne und eine Verkürzung der Arbeitszeit erreichen. Im Gegenteil zu Türk-Is endeten die Tarifverhandlungen mit Streiks.

„Es kam auch zur Besetzung von Ländereien und zu Protest-Erklärungen gegen die Grundherrschaft der Besitzer"[205]

Nach dem Militärputsch vom 12.9.1980 wurde die DISK verboten. Der Vorsitzende Abdullah Bastürk wurde neben zahlreichen anderen Mitgliedern verhaftet und der Besitz der Gewerkschaft beschlagnahmt. Im Gegenteil zu der DISK hielt Türk-Is die Verbindungen mit dem CIA, den faschistischen Organisationen (Grauen Wölfen) sowie eine Zusammenarbeit mit der reaktionären konservativen Regierung aufrecht. Außerdem wurde während der Periode der Militärjunta der Generalsekretär der Türk-Is, Sadik Side, 1980 zum Arbeitsminister ernannt. Streiks wurden verboten.

Die meisten Gewerkschaftsfunktionäre von Türk-Is hatten im Staatsapparat eine führende Rolle inne und erhielten eine Ausbildung in den USA. Zwischen 1962 und 1977 wurden in den USA 518 Gewerkschafter eingeschult. Die nachstehende Namensliste gewährt einen beispielhaften Einblick:

---

[204] DISK Dergisi (DISK Zeitschrift) Nr. 22/23, 4. April/Mai. 1976 Türkei.

[205] Milliyet (Türkische Zeitung) 10.3.1976

Name	Aufenthalt in USA	Position 1979/1980
Ekmal Önbulak	15.3.62-15.6.62	Ehemaliger europäischer Repräsentant von Türk-Is
Akif Keskin	15.4.68-27.5.68	Vorsitzender von Steine+Erden, Türk-Gewerkschaft
N. Tevfik Karacagil	15.7.68-15.6.64	Vorsitzender der Unabhängigen Gewerkschaft Istanbul
Muammer Gür	7.6.70-17.7.70	Stellvertretender Vorsitzender von Türk Metall, Türkis, beteiligt an der Ermordung eines Arbeiters bei TOPAS
Orhan Ercelik	16.10.67-17.12.67	Vorsitzender von Tes-is, Vorstandsmitglied von Türkis
Sinasi Celikkol	17.6.68-22.10.69	Vorgeschlagen nach dem 12. März 1971 als Arbeitsminister; juristischer Berater in der Nasac-Holding
Sevket Yilmaz	15.7.63-15.10.63	Vorsitzender der Textil-Gewerkschaft Türk-Is
Mehmet Tezer	22.6.69-2.8.69	Vorsitzender der Bergarbeitergewerkschaft in Zonguldag Türk-Is
Rüchan Isik	20.8.70-22.10.70	Staatssekretär nach dem 12. März 1971 in der Erim-Regierung, Arbeitsministerium
Fisun Esenova	23.7.67-4.9.67	Arbeitsministerin nach dem 12. März Putsch unter Erim
Ibrahim Denizciler	1.10.69-15.10.69	Vorsitzender von Türk-Is
Halil Tunc	15.9.61-15.12.61 20.11.77-21.12.77	Ehemaliger Vorsitzender von Türk-is
Özkaya Özdemir	15.7.63-15.10.63	Vorstand Türk-Is, Verantwortlicher für Ausbildung[206]

[206] Roth, J., Taylan, K., Die Türkei. 1981, Bornheim, S. 101-102

Die nach dem amerikanischen Vorbild gegründete Gewerkschaftsorganisation (Türk-Is) erhielt von den USA und anderen Institutionen aus entwickelten kapitalistischen Ländern eine finanzielle Unterstützung, wie folgende Quellen belegen:

„Türk-Is erhielt von 1960 bis 1970 von US-AID 13,5 Millionen türkische Lira. Ferner bekam sie von der OECD 380.000 TL (indirekte Hilfe der USA), von der IBFG 730.000 TL und vom türkischen Staat 938.000 TL.“[207]

„Seit 1963 wurde Türk-Is von den USA unterstützt. Zuerst von der AID (Agency for International Development) und zwar in Form direkter finanzieller Unterstützung, dann durch Zahlung von Löhnen und Reisekosten für regionale Gewerkschaftsführer und Ausbildungsfunktionäre. Innerhalb eines Jahres (1964-65) erhielt Türk-Is von der AID 7,2 Millionen TL Unterstützungsgelder, in der Gewerkschaftszentrale selbst gab es 33 angestellte Funktionäre, die direkt von der amerikanischen Regierung bezahlt wurden.“[208]
Offensichtlich wurden Türk-Is-Anhänger in den USA von CIA-Agenten ausgebildet, um die Arbeiterbewegung zu spalten und Widerstand im Keim ersticken zu können.
„In den Seminaren wurde den Funktionären beigebracht, dass ‘die Arbeiter keine Klasse sind’, dass ‘die Arbeitgeber das Hirn und die Arbeitnehmer den Körper der Wirtschaft’ darstellen und insbesondere wurde darüber aufgeklärt, dass in Vietnam eine ‘kommunistische Barbarei herrscht’ und wie ‘brutal die kommunistischen Arbeiterführer’ sind.“[209]
Der Arbeiterklasse und den progressiven Gewerkschaften waren unter der Militärjunta die Hände gebunden.

Die soziale ökonomische Situation der Arbeiter und anderen Werktätigen hat sich in der Zeit der Militärjunta verschlechtert. Die Löhne und Gehälter wurden eingezogen, die Inflationsrate und die Einkommen der Arbeitgeber stiegen hingegen weiter. Die Arbeitslosenzahl in der Gesamtbevölkerung stieg von 7 Millionen auf 50 Millionen. Der größte Teil der Bevölkerung der Türkei driftete ins Elend ab.
„Das Bildungsniveau der Kinder – vor allem der Werktätigen – hat sich sehr verschlechtert. So sind 38 Prozent der Bevölkerung Anal-

[207] Schmitt, E, Türkei, Berlin 1984, S. 131
[208] Roth, J., Taylan, K., Die Türkei, Bornheim, BRD 198, S. 98.
[209] Ebenda S. 99.

phabeten, 18 Prozent haben nicht einmal den Grundschulabschluss. Nur 8 Prozent sind Hochschulabsolventen."[210]

Trotz aller Unterdrückungen brachten die Menschen ihre Kritik in Protesten und Demonstrationen zum Ausdruck. Vor allem beschuldigten sie die USA und den IWF wegen der Einmischung in die inneren Angelegenheiten der Türkei. Gleichzeitig hatten 1.126 Intellektuelle beim Juntachef Kenan Evren eine Bittschrift eingebracht, in der sie die Wiedereinführung der Demokratie verlangten.

[210] Cumhuriyet (Türkische Zeitung) 6.10.1980.

13. Militärischer Staatsapparat, Konter-Guerilla und CIA

Die Bedeutung der Türkei liegt nicht zuletzt am Interesse der USA, da sie einen wichtigen geo-strategischen Punkt zwischen Ost und West darstellt. In diesem Zusammenhang versuchte die USA nach dem 2. Weltkrieg ein Bündnis mit der Türkei einzugehen. Danach floss die Militärhilfe der USA in Millionenhöhe in die Türkei.
US-Präsident Truman erläuterte 1946:
„Werfen wir einen Blick in den Nahen und Mittleren Osten, so begegnen wir einem kritischen Raum, in diesem Raum befindet sich ein großer natürlicher Reichtum. Die belebten Kontinental-, See- sowie Luftwege laufen durch dieses Gebiet. Aus diesem Grund hat dieser Raum große ökonomische und strategische Bedeutung.“[211]
Während der Periode der US-treuen Menderes-Regierung im Jahre 1949 setzte eine Orientierung zugunsten des amerikanischen Imperialismus ein. Die prowestliche amerikanische Politik und antidemokratischen Maßnahmen der Menderes-Regierung hatten zu Massenunruhen und einer Welle von Protesten geführt. Viele Menschen wurden durch die faschistischen Terrororganisationen, die von der Regierung unterstützt wurden, ermordet. Ex-Sicherheitspolizei-Präsident (MIT) M. Dikerdim schrieb in seinen Memoiren:
„Als unser Flugzeug sich Istanbul näherte, kam der Verteidigungsminister Ethem Menderes und setzte sich neben mich Er hatte sehr viele Bedenken, weil in den ausländischen Zeitungen sehr viel Negatives über das Bombenattentat stand. Ich habe ihn gefragt: ‘Wie kommen wir aus dieser prekären Situation wieder heraus?’ Er sagte mir wörtlich: ‘Die einzige Alternative ist, wir schieben alles in die Schuhe der Kommunisten und lassen dafür einige hängen’“[212]

1959 wurde in der Türkei die militärische Geheimorganisation „Konter-Guerilla“ gegründet. Sie ist mit dem türkischen Geheimdienst „MIT“, dem Pentagon und dem CIA verschmolzen. Die Konter-Guerilla, der MIT und die amerikanische Botschaft organisierten diese Terrorwelle nach ihren Interessen.
Die terroristische Unterdrückungskampagne wurde vor allem von den CIA-orientierten faschistischen Truppen der Nationalistischen Akti-

[211] Zitat nach Keskin, H., Die Türkei, Berlin 1981, S. 114
[212] Dikerdim, M. Die Revolutionsjahre im Nahen-Osten, Istanbul, 1977, S. 137.

onspartei (MHP) und den Grauen Wölfen gegen die antiamerikanischen, progressiven Kräfte durchgeführt.
Der damalige Generalstabschef Faik Türün sagte:
„Ich habe selbst in Istanbul eine Villa für die Konter-Guerilla einrichten lassen."[213]
Der ehemalige Außenminister I. S. Caglayangil erklärte in einem Gespräch mit dem Direktor der TRT (Türkische Rundfunk und Fernsehanstalt): „Die CIA unterwandert uns."[214]
Am 27. Mai 1960 stürzten türkische Offiziere die US-orientierte Menderes-Regierung. Staatspräsident A. Menderes und zwei Minister wurden verhaftet und zum Tode verurteilt.

Der Oberbefehlshaber der Armee, Cemal Gürsel, kam als neuer Staatspräsident an die Macht. Er versprach die Rückkehr zu den demokratischen und politischen Prinzipien Atatürks. Gleichzeitig erklärte der General Cemal Gürsel, die politischen militärischen Beziehungen mit den USA weiter fortzuführen und als Mitglied in der NATO zu verbleiben.
Bereits ein Jahr später, nach dem Verbot der Menderespartei (Demokratische Partei), wurde vom ehemalige General Gümüspala eine neue Partei, die „Gerechtigkeitspartei" (AP) gegründet.
Diese Partei orientierte sich nach dem Vorbild der „Demokratischen Partei" (DP). Im Jahre 1965 fand die Parlamentswahl statt, wobei die „Gerechtigkeitspartei" (AP) ihren Sieg gegenüber der Partei Atatürks, der „Republikanischen Volkspartei", errungen hat.
Die „Gerechtigkeitspartei" vertrat die Großgrundbesitzer sowie die einheimische Bourgeoisie, die für ihre politischen, ökonomischen und militärischen Interessen mit den ausländischen Monopolkapitalisten zusammenarbeiteten.
In den 60er Jahren entfaltete sich die Arbeiterbewegung. Einige Gewerkschaften hatten 1967 die legale „Arbeiterpartei" (IP) gegründet. Im selben Jahr konnte die „Arbeiterpartei" bei der Parlamentswahl mit fünfzehn Abgeordneten in das Parlament einziehen. Diese Partei gewann innerhalb der Bevölkerung und auch bei Studenten bald größeren Einfluss. Die „Arbeiterpartei" organisierte Versammlungen, Demonstrationen, antiamerikanische Proteste und trat gegen die Durchfahrt der US-Flotte am Bosporus 1968 ein. Gleichzeitig entstand

---

[213] Politika, (Türkische Zeitung), 10.5.1980
[214] Milliyet (Türkische Zeitung), 15.3.1976.

auch eine studentische Bewegung, die einen größeren Einfluss unter den Intellektuellen an den Universitäten hatte.

Die Studenten boykottierten die „Besuche“ der 6. US-Flotte mit den Parolen „NATO raus aus der Türkei“, „Nieder mit dem amerikanischen Imperialismus“ und „Unabhängige Türkei“. Diesbezüglich forderten die Wissenschaftler den Austritt der Türkei aus der NATO und die Auflösung der bilateralen Abkommen, die zwischen den USA und der Türkei unterzeichnet worden waren.[215]
Dagegen ergriff die türkische Bourgeoisie Maßnahmen, indem sie ihre Agenten ins Spiel brachte. Die Konter-Guerilla und das Kommando der Grauen Wölfe, das unter der Führung von Alpaslan Türkes, einem Hitlerverehrer, stand, wurden eingesetzt.

„Zahlreiche Studenten wurden Opfer der Polizei oder der faschistischen Kommandos. Der herrschenden Klasse gelang es mit Hilfe Ihrer Agenten und Provokateure, die revolutionäre Studentenbewegung Ende 1970 zu spalten und sie teilweise zu illegalen Aktionen zu verführen. Dies half, die Studentenbewegung von der Masse der Bevölkerung schrittweise zu isolieren und ihren Einfluss zu verringern.“[216]
In der Periode der Demirel-Regierung eskalierten Terror und Massenmorde in einem erschreckenden Ausmaß. Das unten stehende Zitat soll die Situation veranschaulichen:
„Insbesondere für Oppositionelle gab es eine permanente Bedrohung von Leib und Leben. Der organisierte Terror und die blutigen Exzesse gingen primär von den Kommandos der Grauen Wölfe aus, der Jugendorganisation der Nationalistischen Bewegungspartei. Die Terrorisierung oppositioneller Kräfte durch blutige Anschläge und Raubüberfälle geschah nicht nur auf der Straße, sie ging bis in die Schulen und Hochschulen, Wohnungen, Büros, Fabriken und Krankenhäuser. Vor allem die geschulten Kommandos wurden gesetzwidrig in die wichtigsten Dienststellen bei den Militärs sowie sonstigen Stellen des Staatsapparates bei der Polizei eingestellt, die dortigen Beamten wurden einfach versetzt… Auch die pädagogischen Hochschulen, die Studentenwohnheime etc. wurden mit den Sympathisanten der MHP gefüllt. Die Entscheidungen des Verwaltungsgerichtes zur Revidierung dieser Versetzungen und Einstellungen wurden ignoriert. Dieser politische Zustand wurde von den meisten Journalisten und Politikwissen-

---

[215] Ilke (Türkische Zeitschrift) Nr.16, April 1975, S. 4-5
[216] Schmitt. E. Türkei. Express Edition, Berlin, 1984, S. 45

schaftlern zu Recht als versteckter Faschismus bezeichnet. Die Überfälle, Angriffe und Attentate, selbst gegen den Oppositionsführer Ecevit auf seinen Wahlreisen, brachten das Land an den Rand eines Bürgerkrieges."[217]
Am 12. März 1971 putschten erfolgreich türkische reaktionäre Generäle unter dem Vorwand, verstärkt gegen Kommunismus, Anarchie und Terror aufzutreten, und setzten die Demirel-Regierung ab.
„Es gab im Frühjahr 1973 in der Türkei 10.000 politische Gefangene. Bis zum Ende des Militärregimes wurden mehr als 2.800 Personen vor Militärgerichte gestellt und 1.400 bis 1.600 Personen verurteilt. Gegen 2.000 bis 2.500 Personen liefen zu diesem Zeitpunkt Verfahren bzw. standen noch bevor. Die drei militanten Linken, Deniz Gezmis, Yusuf Aslan und Hüseyin Inan wurden hingerichtet und etwa ein Dutzend Personen bei Gefechten mit den Schergen des staatlichen Unterdrückungsapparates umgebracht. Dass viele Verhaftete gefoltert wurden, konnte in etlichen Fällen nachgewiesen werden."[218]
Der Übergang von einem Militärregime zu einem zivilen Regime fand am 14.10.1973 mittels Parlamentswahlen statt. Die Ecevit-Partei „Republikanische Volkspartei" gewann die Wahl gegenüber der Demirel-Partei – „Gerechtigkeitspartei". Die versprochene Generalamnestie wurde von der „Republikanischen Volkspartei" verkündet.
In der Periode der Ecevit-Regierung kam die Terrorwelle zur Ruhe. Aufgrund des Terrors kamen täglich durchschnittlich 20 Menschen ums Leben.
„Von Anfang 1978 bis Herbst 1979 gab es über 9.000 terroristische Überfälle, mehr als 2.000 Menschen wurden aus politischen Motiven ermordet, über 9.000 verletzt. Nur 3 von 67 Provinzen blieben vom Terror verschont."[219]
Am 12. September 1980 putschten die Generäle unter Führung von Generalstabschef Kenan Evren. Alle Gerichte und der juristische Staatsapparat wurden an die Junta angebunden. Die demokratischen Organisationen, Verbände und Gewerkschaften wurden verboten, die Vertreter dieser Organisationen verhaftet. Weiter wurden über 134 Abgeordnete inhaftiert. Der ehemalige CHP Minister Serafettin Elci wurde zu zwei Jahren Gefängnis verurteilt, da er kurdische Organisationen unterstützt hatte. Die Mitglieder des Friedenskomitees wurden als Sowjetagenten angeklagt und jahrelang ins Gefängnis gesteckt.

---

[217] Ebenda, S. 54.
[218] Ebenda, S. 52.
[219] Schmitt. E. Türkei. Express Edition, Berlin, 1984, S. 59.

In dieser Zeit wurden in der Nordtürkei (an der sowjetischen Grenze) und Westtürkei (an der bulgarischen Grenze) NATO-Manöver durchgeführt. Offensichtlich waren diese Manöver dazu angedacht, soziale Wiederstände und revolutionäre, sozialistische Bewegungen einzudämmen, wie aus dem folgenden Absatz ersichtlich wird:
„Im Brüsseler NATO-Hauptquartier und in einigen westlichen Hauptstädten wurde der Putsch mit unverhohlener Genugtuung registriert. (Tenor: „Endlich wird da aufgeräumt“, „es lohnt sich wieder zu investieren“, usw.)“[220]
Als das Militär die Macht am 12. September 1980 ergriff, gab es vor, den Terrorismus zu beenden und die Demokratie wiederherzustellen.
Die Wirklichkeit sah so aus: Die Terrorwelle hatte bekanntlich schon unter der Menderes-Regierung 1949 begonnen und setzte sich auch unter dem Militärregime weiter fort.

1978 wurden in Kahramanmaras 300 Menschen brutal massakriert. Die türkische Presse berichtete über eine ausländische Pressegesellschaft in Ankara, die ihre Mutterfirma mit folgender Meldung benachrichtigte: „In Kahramanmaras wurde unsere Aktion wie geplant durchgeführt.“[221]
Die Enthüllungen jeglicher Provokationen und terroristischer Aktionen weisen darauf hin, dass zwischen den Geheimdiensten CIA, MIT, MHP und der Konter-Guerilla eine Verbindung bestand. Die CIA hatte ähnliche terroristische Methoden in Chile, Brasilien, Argentinien, Nicaragua und in anderen Ländern durchgeführt.
Im selben Jahr erhielt der Vorsitzende der größten Oppositionspartei, Bülent Ecevit, von Ministerpräsident Demirel eine Nachricht, dass er an der Demonstration in Istanbul nicht teilnehmen solle, da ein Mordkomplott gegen ihn geplant sei.
Die türkischen reaktionären, zivilen und militärischen Regierungen führten offenen und geheimen Staatsterror durch.

Ab 1977 wurden, wie bereits erwähnt, täglich 20 Personen ermordet. Seit dem Militärpusch 1980 gab es 50 Hinrichtungen, 400 Erschießungen, über 6.000 Forderungen nach der Todesstrafe, über 100.000 Menschen verbüßen noch immer Gefängnisstrafen.
„Unsere Sicherheit wird nicht nur von offenen Angriffen bedroht. Neben den offenen Angriffen existieren auch andere Bedrohungen, die

---

[220] Ebenda, S. 65.
[221] Cumhuriyet (Türkische Zeitung), 25.1.1979.

nicht als Angriffe gesehen werden können, aber viel gefährlicher sind. Diese Bedrohungen sind Erneuerung und Reformansätze, die innerhalb des Landes durchgeführt werden sollen. Diese getarnten Angriffe (Maskeli Saldirilar) sind manchmal Bürgerkriege, manchmal Volksaufstände, aber auch demokratische Bewegungen oder Reformbewegungen. Unsere Absicht ist es, diese und ähnliche Strömungen zu verhindern; wenn diese Strömungen eine Entwicklung nehmen, wo sie die Resonanz der Bevölkerung finden, dann haben wir zwei Wege, dies zu verhindern. Für unsere Sicherheit und für die Sicherheit der anderen nichtkommunistischen Länder müssen wir unsere befreundeten Regierungen und Regimes mit bewaffneten Mitteln unterstützen. Eine solche militärische Intervention kann entweder mit klassischen Militärrstrategien oder mit den Mitteln der Diplomatie durchgeführt werden. Dieses militärische Eingreifen hat eine eigenständige Dynamik und eigenständige Natur."[222]
Im Jahre 1965 wurde von dem CIA-Agenten David Gallula ein „Weißbuch" geschrieben. Es wurde ins Türkische übersetzt und zahlreiche Exemplare wurden an offizielle militärische Behörden verteilt. Dieses Buch berichtet über die „Unterdrückung von Volksaufständen in Theorie und Praxis" (Ayaklanmalari Bastirma Hareketleri Theorie ve Tatbikati).

Außer dem „Weißbuch" wurden noch andere Bücher der US-Armee für die Praxis und die Organisation der Konter-Guerilla übersetzt und verteilt:

1. US-Army FM 19-15: Innere Unruhen und Katastrophen.
2. US-Army FM 31-32: Streitkräfte gegen Aufständische.
3. US-Army FM 31-16: Konter-Guerillaoperationen.
4. US-Army Special Wayfare school 31-176: Counterinsurgency-Planhandbuch (Taktik und Technik von Konter-Guerillaoperationen).
5. US-Army FM 17-1: Bewaffnete Operationen in kleinen Einheiten
6. US-Army FM 19-15: Zivile Katastrophen.
7. US-Army FM 31-72: Operationen im Gebirge.
8. US-Army FM 21-50: Ranger-Training und Operationen.[223]

---

222 Gallula, D., Zitat nach Roth, J., Taylan, K., Die Türkei, Bornheim, 1981, S. 85

223 Roth, J., Taylan, K., Die Türkei. Bornheim, BRD 1981, S. 86

Die türkischen NATO-Generäle hatten durch den Putsch am 12. März 1971 alle demokratischen progressiven, antiamerikanischen und sozialrevolutionären Bewegungen zerschlagen. Im Jahr 1973 wurde die Macht wieder an die Zivilisten zurückgegeben, da von der Opposition keine Gefahr drohte. In kurzer Zeit wuchs die demokratische sozialistische Bewegung und sie bekam eine neue starke Dimension. Im Jahr 1974 ergriffen die Sozialdemokraten die Macht unter dem Vorsitz von B. Ecevit.
In kurzer Zeit eskalierte der Terror von den Organisationen MHP, MIT und der Konter-Guerilla. Die CIA leistete wieder Unterstützungsarbeit. Die offiziellen und zivilen Organisationen führten genau jene Terrormethoden durch, die in den Lehrbüchern der CIA stehen:
„Ziel des psychologischen indirekten Terrors ist es, die Aufmerksamkeit der Bevölkerung für Situationen zu sensibilisieren, die den Anschein von politischem Chaos innerhalb der linken Gruppen erwecken sollen, wobei direkter Terror wie Bombenanschläge, Brandstiftung und Attentate gezielt durchgeführt werden. Diese Art des Terrors soll die unpolitische Bevölkerung manipulieren. Das Volk wird zu Stellungsnahmen gezwungen und damit gleichzeitig zum passiven Helfershelfer konditioniert. In verschiedenen Orten des Landes werden kleine Beamte, Polizisten, Briefträger, Mitglieder des Staatsrates, Lehrer und manchmal ein Bürgermeister, also Menschen, die im Gegensatz zu den höheren Beamten im nahen oder unmittelbaren Kontakt zur Bevölkerung stehen, geopfert, um so den Menschen die Gräueltaten der Revolutionäre vorzuführen. Liberal eingestellte Personen neigen dazu, mit den Aufständischen zusammenzuarbeiten. Daher sind sie Zielscheiben terroristischer Anschläge. Man gibt den Sympathisanten die Aufgabe, von der Bevölkerung Geld zu sammeln; da das Geld für den Krieg notwendig ist und eine Seite stärkt, kann man aus den Geldsammlungsaktionen wichtige Informationen entnehmen. Von denen, die sich weigern, bringt man einige um. Solche Attentate sind nur solange wichtig, wie sie als Beispiele dienen. Daher sollten diese auch nicht geheim durchgeführt werden.“[224]

Die terroristischen Aktionen wurden wie geplant von der Konter-Guerilla, von MIT und MHP durchgeführt. Viele Professoren, Lehrer, Gewerkschafter, Journalisten und Schriftsteller wurden ermordet.
Am 25. Mai 1978 explodierte eine Bombe an der Universität von Ankara. Wie sich herausstellte, war sie amerikanischer Herkunft.

---

[224] F. A.Lindsay. Unconventional Warfare, S. 5, Zitat nach Keskin, H., Die Türkei, Berlin 1981, S. 264.

14. Die Rolle der Rüstungsindustrie in der Türkei

Mustafa Kemal Atatürk, der Begründer der türkischen Republik im Jahr 1923, versuchte mit Hilfe der Rüstungsindustrie einen Industrialisierungsprozess in Gang zu bringen.

„1927 hatten 91 % aller Unternehmen weniger als 5 Beschäftigte, 96 % aller Fabriken produzierten ohne Motoren."[225]

Um die Produktivität zu steigern, war Kemal Atatürk bereit, ausländisches Kapital heranzuziehen. Allerdings sollte Fremdkapital nicht mehr zu einer Abhängigkeit führen, sondern die Gewinne sollten im Land bleiben und zur Verbesserung der Infrastruktur beitragen. Gleichzeitig mit der Rüstungsindustrie wurde versucht, die Schwerindustrie aufzubauen.

„Kernprojekte dieser Strategie waren das mit sowjetischen Maschinen ausgestattete Textilkombinat von Keiseri und das Eisen- und Stahlkombinat von Karabük, der erste und auf lange Zeit bedeutendste schwerindustrielle Komplex der Türkei."[226]

Der Erfolg in der Rüstungsindustrie war aber deswegen nicht möglich, weil die allgemeine Industrialisierung, also der Grad der Infrastruktur, zu niedrig war und dadurch die Produktionsmittel und Rohstoffe übermäßig teuer – teilweise durch Import – beschafft werden mussten.

Nach 1945 erhielten die staatlichen MKE-Werke (Makina Kimya Endüstrisi Kurumu – mechanische und chemische Industrie) finanzielle und technische Unterstützung durch die USA. Die BRD half beim Aufbau einer nationalen türkischen Rüstungsproduktion. 1967 kam es zu den ersten Materiallieferungen aus Deutschland.

„Es handelt sich dabei um Maschinengeräte und Lizenzen für die Teilfertigung. Von Kobra-Panzer-Raketen der Firma Messerschmitt-Bölkow-Blohm MBB, die Produktion des G3-Gewehrs und des Maschinengewehrs MI, einschließlich der Munitionsherstellung und Maschinen zur Triebwerkinstandsetzung im staatlichen MKEK-Konzern."[227]

Nach 1972 wird mit Hilfe von Auslandskrediten eine Modernisierung der Rüstungsindustrie versucht, wobei jede finanzielle „Hilfe" die

---

225 Albert, U/ Ernst, D/ Lock, P/ Wulf, H. Rüstung und Unterentwicklung (Iran, Indien, Griechenland, Türkei), Rowohlt, Reinbek 1976, S. 178.

226 Ebenda S. 167.

227 Ebenda S. 16

Auslandsverschuldung überproportional erhöhte. Im Jahr 1972 gibt es Modernisierungserfolge in der Marine (Beschaffung von Fregatten, Zerstörern und U-Booten der 1.000-Tonnenklasse) und in der Luftwaffe (moderne Kampfflugzeuge).
Die Türkei ist in diesen Bereichen beinahe vollständig von Ersatzteillieferungen und Wartungsleistungen westlicher Exportländer abhängig. Die kapitalistischen Kreditgeber sind daran interessiert, dass ihre Wirtschaftshilfegelder in die Rüstungsbranche fließen, weil diese die höchsten Gewinne bringt.
„Die geplanten Projekte sind von einer solchen Größenordnung, dass im Frühjahr 1975 eine grundlegende Revision der bisherigen Industrialisierungspläne unausweichlich wird und eine Reihe von Großprojekten im Wert von über 5,6 Milliarden DM (und auch im Bereich von Eisen und Stahl, Kunstdüngerfabrikationen, Textil-, Energie- und Trinkwasserversorgung und „zivile" Infrastruktur) zurückgestellt werden muss."[228]
Der Großteil der Rüstungsproduktion erfolgt in den staatlichen MKE-Werken sowie den OYAK-Petkim in Zusammenarbeit mit ausländischen Partnern, unter anderem British Motor Corporation, später MAN, International Harvester, Goodyear und den Luther-Werken in Braunschweig, Krupp, DEW (Deutsche Edel Stahlwerke). Nebenprodukte der Rüstungsindustrie stärken aber auch die Infrastruktur, zum Beispiel die Errichtung der militärischen Verkehrsverbindungen und Kommunikationssysteme.
Die USA ist also nicht das einzige Land, von dem die Türkei Waffen importiert. Seit dem Ende der 60er-Jahre spielte die BRD eine wichtige Rolle.

---

[228] Ebenda S. 16

Folgende Tabelle gibt einen Überblick darüber, welche Waffen aus welchem Land von der Türkei bezogen werden:

Nr.	Waffen (Lieferland/-firma)	Zahl
1.	F-4E Phantom 2 (USA/ Mc Donnel-Douglas	40
2.	F-4104S (Italien/Aeritalia)	36
3.	104 Startfighter (Spanien)	7
4.	F-5 (USA.via Libyen)	7
5	T-42 Baron (USA/Beech)	5
6.	Agusto-Bell 205 (USA/Bell)	3
7.	Jaguar-Kampfflugzeug,Lenkwaffen	(ca.25)
8.	Britten Normen BN-2 Islandärn (GB)	2
9.	Transall C-160 (BRD/Frankreich)	20
10.	Do-28 (BRD/Dorner)	2
11.	M48 Panzer (Material zur Umrüstung für 885 Panzer) (USA)	
12.	U-Boote (Klasse 209) (100 ts) (BRD/HDW)	2
13.	Leopard I-Panzer (BRD/Krauss-Maffel)	ca. 70
14.	U-Boote (Klasse 206) (450 ts) (BRD/HDW)	2
15.	SAAR IV Raketenbest (Israel)	3
16.	Gabriel-II-Schiffsraketen (Israel)	150
17.	Rafael-Schafrir-LuftRakete (Israel)	80[229]

Firmenabkürzungen:
LTV = Ling-Temco-Vought (USA)
HDW = Howaldtswerke-Deutsche Werft AG (BRD)
BAG = British Aircraft Corporation (GB)
CMN = Construction Mecanique Normendic (Frankreich)

229 Ebenda S. 153

15. Rüstungsausgaben

Die Türkei hat die zweitgrößte Landstreitmacht im Rahmen der NATO (und wird damit nur von den USA übertroffen).
1950 waren die Ausgaben für das türkische Militär schon hoch, doch nach dem Beitritt der Türkei zur NATO erhöhte sich der Anteil 1955 gewaltig.
Der türkische Staat gab 1982 pro Kopf fünfmal mehr für Rüstung als für Gesundheit aus. Nachstehende Tabelle zeigt die Rüstungsausgaben der Türkei und weiterer europäischer Länder (Angaben in Millionen US-Dollar im Wechselkurs des Jahres 1980).[230]

NATO	**1973**	**1977**	**1981**	**1982**
Nordamerika:				
Kanada	3843	4621	4784	5117
USA	145237	137104	154036	169691
Europa:				
Belgien	2988	3562	3993	3727
Dänemark	1294	1525	1625	- -
Frankreich	20863	23894	27079	27177
Bundesrepublik	24281	24949	27113	26990
Deutschland	1434	2657	2697	2656
Griechenland	8255	9779	10265	
Luxemburg	33,4	40,3	54,2	53,4
Niederlande	4367	5284	5324	5318
Norwegen	1297	1507	168 6	1731
Portugal	1314	780	864	840
Türkei	1740	3173	3015	3355
Großbritannien	23003	22930	25250	27163
NATO Insgesamt (ohne USA)	**94751**	**103177**	**113256**	**116056**
NATO Insgesamt	**239988**	**240281**	**267292**	**285747**

Damit wurde noch lange nicht das Limit erreicht. Mit der islamistischen, konservativen Regierung Erdogans hat sich die Abhängigkeit von den USA noch vertieft: „Seit Erdogans Partei für Gerechtigkeit

[230] SIPRI Waffenexport und Krieg, S. 169-70, 1984, Reinbek bei Hamburg, BRD.

und Entwicklung (AKP) im Jahr 2002 erstmals die Regierungsverantwortung übernahm, hat sich der Türkische Anteil an der Militärausrüstung von 18 auf 70 % erhöht."[231]

WVO (Warschauer Vertragsorganisationen)	**1973**	**1977**	**1981**	**1982**
Bulgarien	540	820	1093	- - -
Tschechoslowakei	2070	2292	2473	- - -
DDR	2467	30 i 5	3907	806
Ungarn	602	694	807	- - -
Polen	2592	3089	2673	1342
Rumänien	1085	1482	1310	135500
UdSSR	118800	126100	133700	12780
WVO insgesamt (ohne UdSSR)	9356	11391	12262	148280
WVO insgesamt	**128156**	**137491**	**145962**	- - -

Übriges Europa	**1973**	**1977**	**1981**	**1982**
Albanien	84.3	115	134	
Österreich	632	840	931	970
Finnland	587	612	746	846
Irland	177	249	293	--
Spanien	2918	3542	4110	4335
Schweden	3675	3819	3700	3702
Schweiz	2005	2017	2064	2122
Jugoslawien	1948	2786	2928	2671
Übriges Europa insgesamt	**12025**	**13980**	**14906**	**15078**

Offensichtlich entstanden diese riesigen Rüstungskosten nicht aus dem nationalen Rüstungsbedürfnis des Landes, sondern vielmehr aufgrund der Vorgaben der NATO; also aus ihrem Ziel, eine antisowjetische Zone an der Südseite der Sowjetunion zu bilden und damit die strategische, militärische Position der NATO im Nahen Osten zu stärken.
Die Türkei erhielt für die Aufgaben innerhalb der NATO „militärische Hilfe" von den USA. Die sogenannte „Militärhilfe", die die Türkei für diesen Zweck erhielt, deckte nur einen Teil der für die „NATO-

[231] Marco Kauffmann Bossart: Die Türkei ist ein Mekka der Rüstungsindustrie. In: Neue Zürcher Zeitung, 18.3.2018

Aufgaben“ erforderlichen Beträge. Die finanzielle Hauptlast für ihre militärische Bereitschaft trug die Türkei selbst.
Tatsächlich handelte es sich jedoch um keine „Hilfe“, sondern um Kredite. Die Türkei verwendete diese Gelder für den Kauf von Rüstungsgütern aus den USA und für andere militärische Zwecke. Diese „Militärhilfe“ verschaffte den USA gleichzeitig Absatzmärkte für ihre Rüstungsgüter.
Nach dem 2. Weltkrieg wurde der amerikanische Imperialismus innerhalb des Westblocks zur führenden Macht. Aus historischen Gründen suchte die Türkei Anschluss an die USA. Für den US-Imperialismus war die Türkei selbstverständlich ein wertvolles Glied in den Stützpunktländern rund um die Sowjetunion und den Nahen Osten. Noch vor dem NATO-Beitritt erhielt die Türkei erstmals 1946 einen US-Kredit, der dem Einkauf von gebrauchtem und neuem Rüstungsmaterial diente.
Somit begann allmählich die Amerikanisierung der Armee. Die türkische Armee wurde auf amerikanische Waffensysteme umgestellt und bei der Ausbildung gewannen US-Methoden und Ideologie an Bedeutung. Zu diesem Zweck wurden zahlreiche Bücher der US-Armee über Schulung und Erziehung in die türkische Sprache übersetzt.
Die USA Militärhilfe führte zu einer starken finanziellen Belastung, da die Türkei für die Erhaltung der US-Rüstungsgüter große Summen benötigte. Dadurch entstand ein großes Außenhandelsdefizit.
„Die nordamerikanische Militärhilfe belastete die türkische Zahlungsbilanz sehr stark, allein für die Erhaltungskosten sowie für den Kauf von Ersatzteilen der US-Rüstungsgüter musste die Türkei 400 Milliarden türkische Lira zusätzlich bereitstellen.“[232]
Die Türkei war wegen des Haushaltsdefizits nicht in der Lage, ihre Militärausgaben zu finanzieren. Sie konnten nur durch die US-„Militärhilfe“ abgedeckt werden, die die Türkei, wie bereits erwähnt wurde, zurückzahlen musste.
„Seit 1980 hat sich die US-Militärhilfe an die Türkei auf einen Betrag von 465 Millionen Dollar im Haushaltsjahr 1983 verdoppelt. Die militärische Führung der Türkei besteht jedoch darauf, dass die Zahl noch einmal auf etwa eine Milliarde Dollar jährlich verdoppelt werden müsse, um ihre Streitkräfte modernisieren und ihren NATO-Verpflichtungen nachkommen zu können.“[233]

---

[232] Keskin, H., Die Türkei, Berlin 1981, S. 116
[233] SIPRI. Waffenexport und Krieg, Reinbek bei Hamburg. 1984, S. 158

Gleichzeitig erhöhte sich die Zahl der Arbeitslosen; die Arbeitslosigkeit betraf 5 bis 6 Millionen Personen bei 55 Millionen Einwohnern. Die Inflation stieg von 1975 bis 1986 auf 200 %.
Es wurde niemals versucht, diese ökonomischen und sozialen Probleme zu lösen. Andererseits wurden gewaltige Maßnahmen unternommen, den Interessen des Militärs und der Rüstungsindustrie nachzukommen und auch deren Entwicklung zu fördern.

Die Budget-Verteilung in der Türkei von 1975 sah folgendermaßen aus:
„Über 25 % Militär. 4,7 % Dorfentwicklung, 8 % für landwirtschaftliche Reformprogramme, 0,95 % für Erziehung.“[234]
Weiters betrug die öffentliche Verschuldung 1974 über 20 % des im gleichen Jahr erzeugten Bruttosozialprodukts. Die Arbeitslosigkeit war so hoch, dass im Winter in den ländlichen Bereichen beinahe 2/3 der arbeitsfähigen Bevölkerung ohne Arbeit war. Es gab in der Türkei keine Arbeitslosenversicherung. Immer größere Teile der Bevölkerung wurden mit Armut konfrontiert.

---

[234] Albert, U./ Ernst, D./ Lock, P./ Wulf, H. Rüstung und Unterentwicklung. Reinbek bei Hamburg 1976, S. 178

Die nachstehende Tabelle zeigt die geschätzten Steigerungsraten bei den Militärausgaben der Türkei und weiterer NATO-Mitgliedsstaaten:

Jährliche bzw. durchschnittliche Zunahme in Prozent

Land	**1979-80**	**1980-81**	**1982**	**Höhe der Militärausgaben im Vergleich zu den USA (USA= 100)***
Vereinigte Staaten	3,7	7,0	10,2	100
Kanada	3,5	1,7	7,0	3
Europäische NATO-Staaten insgesamt	2,7	0,8	2,3	65
BRD	1,2	1,6	-0,5	16
Frankreich	2,2	2,5	0,4	16
Großbritannien	8,1	-5,6	7,6	16
Italien	4,6	2,1	5,0	6
Niederlande	-2,7	1,0	-0.1	3
Belgien	1,9	0,9	-6,7	2
Türkei	-5,3	23,5	11,3	2
Griechenland	-13,5	18,3	-1,3	2
Dänemark	1,0	1,1	---	1
Norwegen	1,1	1,0	2,7	1
Portugal	8,5	0,5	-2,8	0,5
Luxemburg	16,4	3,2	-1,5	vernachlässigbar

*Grundlage sind die Militärausgaben des Jahres 1982, berechnet zu Preisen und Wechselkursen von 1982.[235]

[235] SIPRI Waffenexport und Krieg. Reinbek bei Hamburg. 1984, S. 140

16. Funktion der Türkei in der NATO

Im Rahmen der Neuorientierung der türkischen Innen- und Außenpolitik nach dem Zweiten Weltkrieg wurden die Streitkräfte in das westliche Militärbündnis integriert und die Türkei völlig ins kapitalistische Weltsystem mit einem kapitalistischen Entwicklungsweg verankert. Der amerikanische Imperialismus sah in der Türkei einen idealen Stützpunkt gegen die Sowjetunion. Sie wurde im Jahr 1952 in die NATO aufgenommen. Die Türkei hatte aufgrund ihrer strategischen Lage für die NATO signifikante Funktionen. Nach der Ölkrise und dem Sturz des Schah-Regimes im Iran wurde die Türkei wichtigster militärischer Verbündeter der NATO in Nahen-Osten:

1) Ihre lange Grenze mit der Sowjetunion und ihre Nähe zu den großen russischen Erdöl- und Industriegebieten sind für die USA und die NATO als Drohpotential gegen die Sowjetunion von Bedeutung.

2) Sie beherrscht den Bosporus und kontrolliert damit den einzigen Zugang der sowjetischen Flotte zum Mittelmeer.

3) Ihre Lage in der Nachbarschaft der arabischen Ölländer bietet ebenfalls günstige Voraussetzungen für militärische Interventionen in diesem Territorium.

„Eine Abwendung der Türkei vom westlichen Bündnis würde die Verteidigungslinie der NATO an der Südflanke empfindlich treffen, die Kontrolle der strategisch wichtigen Meerengen durch die westliche Allianz nicht mehr erlauben und die Aktionsmöglichkeiten der westlichen See- und Luftstreitkräfte, z. B in einem militärischen Nahost-Krieg, erheblich einschränken.

Seit den 60er-Jahren unterhalten der US-Imperialismus und die NATO zahlreiche Stützpunkte in der Türkei. Nur kurzfristig waren diese Stützpunkte aufgrund des US-amerikanischen Waffenboykotts gegen die Türkei nach der türkischen Zypern-Invasion von 1975 bis 1978 geschlossen. Seit 1978 sind die militärischen Stützpunkte für die USA wieder zugänglich.“[236]

Die herrschende Klasse der Türkei war dazu bereit, dafür zahlreiche Nachteile für das türkische Volk in Kauf zu nehmen. Es machte ihr nichts aus, dass mit dem NATO-Beitritt der Anteil der Militärausgaben am Budget wuchs.

---

[236] Kaya, Yakup, Die Türkisch-US-amerikanischen Beziehungen innerhalb der NATO. Dargestellt anhand bilateraler Abkommen. Diplomarbeit, Universität Wien, 1987. S. 58

Die durch den NATO-Beitritt entstandenen Probleme der Türkei sind nachstehend zusammengefasst:

„1. Die Verteidigungskräfte der Türkei sind vollkommen von den USA abhängig, vor allem deshalb, weil alle Waffen nordamerikanischer Herkunft sind.
2. 99 % der türkischen Streitkräfte stehen unter NATO-Kommando.
3. Die nationale Verteidigung der Türkei ist durch bilaterale Verträge von den USA abhängig.
4. Wichtige Waffen, die von der türkischen Armee bedient werden, können im Ernstfall erst mit der Genehmigung des US-Präsidenten eingesetzt werden.
5. Da es in der Türkei über 100 Militärbasen gibt und in der Türkei Nuklearwaffen gelagert werden, wird die Türkei im Falle eines Krieges eines der ersten Ziele eines nuklearen Angriffs werden.
6. Eine eigene Rüstungsindustrie wird durch äußere Einflüsse verhindert.
7. Die nationale Verteidigung der Türkei wird von der NATO-Strategie bestimmt.
8. Der Vertrag vom 9. Mai 1966 legalisiert eine militärische Intervention der USA in der Türkei.“[237]

Dem Beitritt in die NATO folgte eine Reihe bilateraler Verträge zwischen der Türkei und den USA zur Errichtung von US-Militärbasen in allen Regionen der Türkei. Da diese Verträge geheim abgeschlossen wurden, blieben ihr Inhalt und die Zahl der Militärbasen bis zur sozialdemokratischen Regierung unter der Führung von Bülent Ecevit, also bis 1973, der türkischen Öffentlichkeit unbekannt.

Zurzeit verheimlichen die Amerikaner nicht, dass sie in der Türkei militärische Stützpunkte besitzen. Nach amerikanischen Informationen gibt es in der Türkei 101 Militärbasen und militärische Einrichtungen. Die Türken, eingeschlossen hochrangige Offiziere, dürfen die Basen nicht betreten. Die Amerikaner besitzen alle Verfügungsrechte. Für ihre riesigen Stützpunktflächen zahlen sie keinen einzigen Dollar. Die Türkei geht nun wegen dieser Stützpunkte hohe Risiken ein.
„Die NATO-Mitgliedschaft brachte nicht nur für die Türkei risikoreiche US-Militärbasen mit sich, sondern darüber hinaus ebnete sie den Weg für eine von den USA oktroyierte Ideologie, die bis heute die türkische Entwicklung behindert. Diese Ideologie bezweckte die For-

[237] Keskin, H., Die Türkei, Berlin 1981, S. 147

mierung der Türkei gemäß der Strategie der USA und der Profitgier der US-Waffenkonzerne. Sie bezweckte weiterhin die Formierung des Militärwesens nach dem Geist des Weltkapitals und dessen System. Das Militär soll danach nicht nur die Verteidigung des Landes nach außen sichern, sondern auch das vom Weltkapital abhängige System im Innern aufrechthalten. Diese drei Punkte zusammengenommen bewirken eine Militarisierung der türkischen Gesellschaft."[238]
Viele Staaten der „Dritten Welt“ sahen in der Türkei ein Satellitenregime des amerikanischen Imperialismus, da der westliche Einfluss sich nicht nur auf das militärische, sondern auch auf das wirtschaftliche und politische Verhalten auswirkte.
Die türkische Regierung ist nicht bereit, den Ausverkauf des Landes zuzugeben, obwohl mit Wahrscheinlichkeit Ostanatolien (Kurdistan) für die Stationierung der 30.000 Mann starken schnellen Eingreiftruppe für die Golfregion und somit gegen die Völker im Nahen Osten vorgesehen ist.
Ein Projekt der USA und der NATO, der militärische Ausbau von 15 Flughäfen, schreitet unter der türkischen Regierung voran. Mit Auslandskapitalanteilen sollen demnächst Kampfflugzeuge vom Typ F-16 in der Türkei hergestellt werden.
Die Friedhofsruhe in der Türkei im Schatten der Waffen von Türkisch-Kurdistan wird von westlichen kapitalistischen Ländern als Stabilität bezeichnet, denn die Schlagkraft der Armee in der Türkei ist das größte Anliegen der NATO-Strategen.
Das menschenverachtende Vorgehen der türkischen Regierung findet die Unterstützung durch den Westen, insbesondere durch die NATO-Staaten. Da die türkische Armee viele Vorteile bringt, ist die NATO auf der Seite der Türkei.
Die Armee-Stützpunkte dürfen nicht weit vom Golfgebiet entfernt sein und die Bevölkerung darf keinen Widerstand leisten.
Wie vorhin zitiert wurde, gibt es in der Türkei ca. 101 militärische Stützpunkte unter direktem US-Befehl. Darüber hinaus sollen auch noch die Flughäfen vor den Städten Erzurum, Kars, Van und Diyarbakir, alle im ost- und südanatolischen Raum (Kurdistan), ausgebaut werden, sodass auch schwere Bomber starten können, die im Rahmen neuer Pläne von Spezialeinheiten eingesetzt werden sollen.

Durch die Zerschlagung der Linken und revolutionären Kräfte zur Zeit der Militärregierung konnte die amerikanische Flotte wieder die türki-

[238] Ebenda S. 146

schen Häfen anlaufen, was automatisch die politischen Beziehungen verbesserte.
Die türkische Militärregierung, die in ihrer Rüstungspolitik auf US-Kredite und Rüstungshilfe angewiesen war, machte den USA eine Reihe von zusätzlichen Zugeständnissen, um die militärischen und politischen Beziehungen noch weiter zu verbessern. Auch eine größere Annäherung zu Teilen der arabischen Welt wurde bewirkt.

„Beunruhigt durch die Entspannung zwischen den USA und UdSSR und die Veränderung der Machtbalance im Nahen Osten infolge des arabisch-israelischen Konflikts und der wachsenden Hegemoniestellung des Irans suchte die Türkei erstens nach zusätzlichen außenpolitischen Absicherungen; zweitens wuchs angesichts eines steigenden Bedarfs an Erdöl bei gleichzeitigem Rückgang der eigenen Produktion die wirtschaftliche Abhängigkeit der Türkei von den arabischen Ölländern, aus denen die Türkei ihre gesamten Erdölexporte bezog; und drittens versuchte die Türkei durch ihre veränderte Diplomatie offensichtlich auch die arabischen Länder dazu zu bewegen, den Guerilleros keine Unterstützung mehr zukommen zu lassen. Einen Höhepunkt erreichte die außenpolitische Kursänderung der Türkei im arabischen-israelischen Oktoberkrieg 1973: Die Türkei untersagte den USA die Benutzung ihrer Stützpunkte für die Versorgung Israels, gestattete dagegen zivilen Iransportflugzeugen der UdSSR mit Kriegsmaterial für die arabischen Länder das Überfliegen türkischen Hoheitsgebiets; aufgrund dieser Haltung wurde die Türkei während des Ölembargos von den arabischen Staaten als ‘befreundete Nation’ eingestuft.“[239]
Die Türkei ist neben den Verpflichtungen gegenüber den USA auch dazu gezwungen, eine ausgeglichene Wirtschaftspolitik mit antiamerikanischen Ländern zu führen. Grund dafür ist ihre geografische Lage sowie ihre religiöse Zugehörigkeit zum arabischen Raum.

[239] Weiher, G., Militär und Entwicklung in der Türkei, (Schriften des Deutschen Orient-Instituts), Opladen. BRD. 1978, S. 171

17. Die Rolle des Militärs

Der allgemein wichtigste Apparat der herrschenden Klasse im Staat ist das Militär. Die türkische Armee umfasst zurzeit 800.000 Soldaten. Sie besitzt zahlreiche Kriegsschiffe, Flugzeuge und Panzer. Neben der Funktion im Rahmen der Globalstrategie der NATO hat die türkische Armee insbesondere die Aufgabe, fortschrittliche Bewegungen und demokratische Kräfte, die sich gegen das kapitalistische, kolonialistische System richten, zu unterdrücken und die kurdischen Unabhängigkeitsbestrebungen im Keim zu ersticken. Denn 2/3 der Armee sind in den kurdischen Gebieten der Türkei stationiert.

Die ökonomische und politische Abhängigkeit der Türkei von außen bringt damit strukturelle und soziale Probleme.
Also nicht nur die Türkei, sondern alle „Entwicklungsländer" befinden sich in derselben Situation. Offensichtlich setzt die Lösung der Probleme strukturelle und soziale Veränderungen voraus. Wenn Veränderungen jedoch ausschließlich zuungunsten der Bourgeoisie erfolgen, wird sich an der Situation nichts ändern.
Deshalb werden die Entwicklungsländer durch antidemokratische, totalitäre, militärische Regierungen beherrscht.
In der Türkei kam es in letzter Zeit ungefähr in Zehnjahresabständen zu Regierungsübernahmen durch das Militär. (1960, 1970, 1980...)
Die türkische und kurdische Bevölkerung empfindet das Militär wie ein Damoklesschwert, das über ihrem Kopf schwebt.
Außerdem spielt das Militär in der Industrie eine gewisse Rolle. Durch das Militär wurde im Jahr 1961 eine Holding namens OYAK (Yatirim Ve Holding AnonimSirketi) (Investitionen und Holding AG) gegründet, die sich innerhalb von 20 Jahren zu einem wichtigen Investor in der türkischen Wirtschaft entwickelte.

Das Militär verfolgt in ihrem eigenen Konzern ähnliche Interessen wie die zivile Großbourgeoisie in der türkischen Großindustrie:
„Ursprünglich wurde die OYAK 1961 als Armee-Hilfsorganisation gegründet und hatte die Aufgabe, den Berufssoldaten Sozialhilfe zu leisten. Dazu wurde vom Gehalt jedes Soldaten ein gewisser Prozentsatz einbehalten und an die OYAK abgeführt. Die Berufssoldaten ihrerseits konnten von der OYAK Kredite und Anleihen erhalten. Bei ihrer Gründung verfügte die OYAK über ein Grundkapital von 44 Millionen türkische Lira.

Das Kapital wuchs rasch und die OYAK begann, es gewinnbringend in Firmenbeteiligungen anzulegen. Dadurch vermehrte sich das Kapital der OYAK bis 1975 auf 2,5 Milliarden türkische Lira."[240]

In kurzer Zeit vergrößerte sich die OYAK und investiert nun in den Dienstleistungssektor und in den Handel, insbesondere in Benzin, Autos, Petrochemie, Gummi, Nahrungsmittel und in die Elektroindustrie. OYAK kooperiert auch mit ausländischen Firmen und produziert gemeinsam mit ihnen, z.B. mit „GoodYear" Reifen und mit „Renault" Autos.
Beim Aufbau der „Armeehilfsorganisation" sorgte OYAK für persönliche Anwerbungen hochrangiger Offiziere. Die führenden Mitglieder sind Verteidigungsminister oder Armeegeneralstabschef des Heers, der Luftwaffe, der Marine und der Gendarmerie.
Es wurde nachgewiesen, dass die türkische Armee über ihre Holding OYAK in das kapitalistische Wirtschaftssystem integriert ist. Eben diese militärisch-industriellen Komplexe erzielen Gewinne.
Die Offiziere, die die türkische Armee führen, kommen aus den oberen Klassen. Sie beziehen hohe Gehälter und können in OYAK-Kaufhäusern sehr billig einkaufen. Nach ihrer Pensionierung erhalten sie eine Anstellung bei der Holding, im diplomatischen Dienst, in der Politik, bei den Bankvereinen als Vorsitzende und in der Industriekammer. Neben den aus den Oberschichten stammenden Offizieren werden die Soldaten aus allen Schichten des Volkes rekrutiert.

Aufgrund der allgemeinen Wehrpflicht hat niemand hat das Recht den Militärdienst zu verweigern. Alle jungen Männer, die sich nicht in einer Ausbildung befinden, müssen im Alter von 20 bis 22 Jahren ihren Militärdienst abdienen.
Darüber hinaus konnten sich im Ausland arbeitende junge Türken gegen Devisen von 22.000 DM vom Militärdienst freikaufen.
Seit dem Militärputsch vom 12.9.1980 gehen die Gegenmaßnahmen der Regierung in eine gewalttätige Richtung, wie Verhaftungen, Massenprozesse und Folter:
„Zwischen 170.000 und 200.000 Personen wurden aus politischen Gründen verhaftet. Davon befinden sich im Juni 1983 noch mindestens 400.000 Personen in Strafhaft oder Untersuchungshaft; 49 Menschen wurden hingerichtet (darunter 26 politische Gefangene); gegen 259 Menschen wurden Todesurteile ausgesprochen, bei Operationen

---

[240] Werle, R., Model Türkei, Hamburg, 1983, S. 35

des Militärs über 500 Personen erschossen, denn schließlich dürfen die Sicherheitskräfte direkt und ohne zu zögern auf die Ziele schießen" (Tercüman.23.9.1980.); 5712 Anträge auf Todesstrafe wurden gestellt.[241]

Unterdrückungen, Folterungen und Misshandlungen von Gefangenen sind in den türkischen Gefängnissen an der Tagesordnung. Die „Alternative Türkei-Hilfe" kommt mithilfe von Dokumenten zu dem Ergebnis, dass in den ersten Jahren der Militärjunta mindestens 137 politische Häftlinge zu Tode gefoltert wurden.

241 Alternative Türkei Hilfe. Folter in der Türkei, Bielefeld, BRD.

18. Das Interesse der USA an Griechenland und der Türkei

Mit der Truman-Doktrin von 1947, die als Folge des Kalten Krieges entstanden ist, hatten die USA an Zypern aus strategischen Gründen ein großes Interesse; sie unterstützten die sogenannten „Freien Völker", die für ihre Befreiung und auch gegen den Kommunismus kämpften. Diesbezüglich erklärte US-Staatspräsident Truman;
„Wir müssen den 'freien Völkern' helfen, ihr eigenes Geschick auf ihre eigene Weise zu lenken."[242]
Die Hauptinteressen der USA sind einerseits die strategische Position am Mittelmeer zu halten sowie die Kontrolle des Nahen Ostens. Andererseits versuchen die USA mit dem Bündnis zu Griechenland und der Türkei die sowjetische Expansion in diesem Territorium einzudämmen. Das Interesse des amerikanischen Imperialismus ist in dieser Hinsicht außerdem in der Tatsache der Gründung des NATO-Paktes ersichtlich.
Der Oberbefehlshaber der NATO, General L. Lemnitzer, erklärte:
„Süd-Osteuropa (Griechenland und die Türkei) sind für die NATO unentbehrlich. Die militärische Macht der NATO in diesem Raum ist ein wichtiges Hindernis gegen jeden Versuch einer strategischen Umfassung der NATO im Süden."[243]
Wie bereits erwähnt wurde, finden jährlich systematische NATO-Manöver in Griechenland und der Türkei statt, wobei allein der US-Imperialismus über hundert Militärbasen in der Türkei unterhält, dazu kommen die Stationierung der 6. Flotte im Mittelmeerraum sowie die Luftwaffenstützpunkte Athen-Hellenikon, Elefsis-Piräus, Nea Makri, Sada Bay, Heraklion und Varympotis, die mit Funk-und Radarsystemen und Nachschubeinrichtungen ausgestattet sind.[244]
Diese Tatsachen signalisieren die militärisch-strategische Expansion des US-Imperialismus in diesem Gebiet, wodurch die Sicherheit der betroffenen Länder gefährdet wird.
Im Jahr 1983 wurde zwischen Griechenland und der Türkei im Rahmen des nordatlantischen Paktes ein Abkommen über die Benützung der Militärstütztpunkte und der Seeflotte unterzeichnet. Mit diesem Vertrag wurden Griechenland und die Türkei dazu verpflichtet, dass

[242] Varvarousis, P. Konstellationsanalyse der Außenpolitik Griechenland und der Türkei, München, 1979, S. 157.
[243] Ebenda S. 157-158.
[244] Ebenda S. 161.

sie sich im Angriffs- und Kriegsfalle gegenseitig Hilfe leisten sollen, indem Sie sich mit den NATO-Streitkräften verbünden.[245]

Offensichtlich bedeutete dieser Vertrag eine Kriegsaufforderung gegen die sozialistischen Länder und die blockfreien Staaten, im Interesse des US-Imperialismus und der NATO. Beispielsweise haben Griechenland mit 1100 Soldaten und die Türkei mit 5455 Soldaten als NATO-Partner an der Korea-Invasion der USA (1950-53) teilgenommen.[246]

Darüber hinaus wurde am 15. April 1976 ein neuer „Verteidigungsvertrag“ zwischen Griechenland und den USA unterzeichnet.
Dieser sogenannte „Verteidigungsvertrag“ erlaubt die Benutzung von See-, Luft- und Militärbasen in Griechenland durch den US-Imperialismus:
1) Nea Makri (Kommunikation)
2) Souda Bay (Hafen-und Flugplatzanlagen)
3) Heraklion (Luftüberwachung)
4) Hellenikon (Luftwaffenbasis mit US-Präsenz).[247]

---

245 Ebenda S. 160.

246 Katsikides, S., Der Nationalitätenkonflikt auf Zypern in seinen Auswirkungen auf die Gesellschaftsstruktur, Diplomarbeit. Wien, 1983, S. 14.

247 Varvarousis, P. Konstellationsanalyse der Außenpolitik Griechenland und der Türkei, München, 1979, S. 161

19. Die Zypernkrise und die Rolle der USA

Der US-Imperialismus bemühte sich, die Republik Zypern dazu zu zwingen, in die NATO einzutreten, um sie für ihre militärischen Aktionen im Mittelmeerraum einzubeziehen. Sie sollte insbesondere die Südostflanke des Nordatlantikpaktes verstärken und den Einfluss der Sowjetunion in diesem Raum beschränken.
Der zypriotische Staatspräsident Erzbischof Makarios wurde im Jahre 1974 durch den amerikanischen Geheimdienst CIA, durch die siebenjährige griechische Junta und durch die faschistische Organisation (E-OKA-B) gestürzt.
Die Putschisten wollten mit dem Ziel ENOSIS (Vereinigung mit Griechenland) die Insel gegen den Willen der zypriotischen Bevölkerung an Griechenland anschließen. Da Präsident Makarios eine neutralistische Politik betrieb, die nicht der Nahostpolitik der USA entsprach, bedeutete er für die US-Position im Mittelmeer eine Gefahr.[248]
Die Putschisten brachten in kurzer Zeit den rechtsradikalen EOKA-B Führer Nikos Sampson an die Macht, der in der zypriotischen Bevölkerung eine unerwünschte und umstrittene Person war.
Die EOKA-B-faschistische Söldnergruppe erhielt von der CIA finanzielle Unterstützung in der Höhe von 100.000 US-Dollar und eine militärische Unterstützung mit Waffen aus Griechenland und Israel.[249]
Die Präsidentschaft von Nikos Sampson verschärfte die politische Situation auf der Insel, weil er 1963 aktiv an den Massakern an türkischen Zyprioten beteiligt war.[250]
Der Verdacht, an Massakern an Zyperntürken teilgenommen zu haben und die Bestrebungen, Zypern an Griechenland anzuschließen, war für die Türkei ein geeigneter Vorwand, um in Zypern zu intervenieren.
Die Türkei als sogenannte Schutzmacht Zyperns intervenierte am 20.7.1974. Die türkische Armee besetzte den gesamten Norden. Die griechischen Zyprioten verloren nun 22 Prozent von 82 Prozent der Landesfläche.[251]
„Besonders in den ersten Tagen nach der Invasion kam es zu barbarischen Verbrechen an der griechisch-zypriotischen Zivilbevölkerung, die auf diese Weise zur Flucht aus den türkisch besetzten Gebieten

---

[248] Varvarousis, P. Konstellationsanalyse der Außenpolitik Griechenland und der Türkei, München, 1979, S. 174.
[249] Katsikides.S. Der Nationalitätenkonflikt auf Zypern in seinen Auswirkungen auf die Gesellschaftsstruktur, Diplomarbeit. Wien, 1983, S. 34.
[250] Schmitt. E. Türkei. Express Edition, Berlin, 1984, S. 175.
[251] Cumhuriyet (Türkische Zeitung) 17.8.1974.

genötigt werden sollte. Außerdem wurde damit eine solche Panik unter den griechischen Zyprioten erzeugt, dass sie bei der zweiten Invasionswelle der türkischen Armee am 14. August in einem Massenexodus (200.000 Flüchtlinge, fast ein Drittel der Bevölkerung Zyperns) nach Süden flohen."[252]

Die Invasion der Türkei auf Zypern wurde von den USA nicht ernst genommen, weil gemäß den bilateralen Abkommen, die zwischen den USA und der Türkei unterzeichnet wurden, eine türkische Invasion nicht dem Vertrag entsprach.

---

[252] Schmitt. E. Türkei. Express Edition, Berlin, 1984, S. 175.

20. Die Bedeutung des Begriffes „Konflikt" in Bezug auf die türkische und amerikanische Konstellation

In diesem Werk wird der Begriff „Konflikt" als Spannungsfeld verstanden. Im Laufe der Geschichte war die Mittelmeerinsel Schauplatz zahlreicher Auseinandersetzungen und man kann daher ohne Zweifel vom „Türkeikonflikt" sprechen.

Die Konfliktpsychologie befasst sich sowohl mit individuellen als auch mit kollektiven Konflikten und lieferte auch zur Türkei ein umfassendes Material. Für unsere Fragestellung sind Ergebnisse der Friedensforschung hilfreich. Obgleich der Schwerpunkt dieses Buches auf internationalen Beziehungen liegt, soll doch ein kurzer Einblick in die Konfliktforschung gegeben werden. Diese geht vom Begriff der „strukturellen Gewalt" aus. Das Armutsgefälle eines Volkes oder einer Nation kann so groß sein, dass strukturelle Gewalt herrscht. Diese kann leicht in äußerliche Gewalt umschlagen.

Meiner Meinung nach ist es für dieses Werk sinnvoll, den Konfliktbegriff in Anlehnung an Frank R. Pfetsch zu verwenden.[253]
„Konflikte entstehen immer dann, wenn verschiedene maßgebliche politische Kräfte ein und dasselbe Gut, wie zum Beispiel ein Territorium, eine politische Position oder eine bestimmte ökonomische Ressource begehren und es darüber zum Streit kommt..."[254]

Frank R. Pfetsch führt weiter aus, dass auf mindestens einer Seite die organisierte Staatsmacht beteiligt sein muss.
Er ordnet die Türkeifrage den sogenannten „Grundkonflikten" zu. Darunter versteht er Auseinandersetzungen, bei denen die Konfliktgegenstände sowie die Kontrahenten die gleichen bleiben. Ebenso gibt es dabei verschiedene Phasen. Auch können dritte und vierte Mächte oder Organisationen eine Rolle spielen. Alle diese Kriterien treffen auf die Türkei zu.[255]

---

253 Vgl. Pfetsch, Frank, R. (Hrsg.), Konflikte seit 1945, Daten, Fakten, Hintergründe, Europa, Freiburg-Würzburg, 1991, S. 8
254 Pfetsch, ebenda
255 Vgl. Ebenda, S. 9f

Beim Konfliktpotenzial der Türkei müssen auch weitere Bereiche berücksichtigt werden: So gibt es in diesem Spannungsfeld auch ethnische und religiöse Aspekte. Es handelt sich um ein sehr komplexes Geschehen, wie es für zahlreiche andere politische Konflikte der Nachkriegszeit des 20. Jahrhunderts charakteristisch ist.

Als Beispiele können angeführt werden: Die Katholiken in Nordirland, die Basken in Spanien und Frankreich, die Tibeter in China, die Kurden in den sechs Staaten Türkei, Irak, Iran, Syrien, Russland und Libanon.

Im Falle der Türkei kann man am Verlauf der Geschichte beobachten, dass es immer wieder zu Wechseln zwischen einem latenten und einem manifesten Konflikt kam:
Durch die Interessen und die Einmischung der Großmächte USA und UdSSR im 20. Jhdt. sowie der ehemaligen Kolonialmacht Großbritannien ist die internationale Verstrickung offensichtlich. Dazu kommen die militärisch-strategischen Interessen in der Ägäis. Diese sind sowohl von Seiten der Großmächte als auch von Griechenlands und der Türkei gegeben.

Ein Grund für die zahlreichen Konflikte von der Antike bis zur Gegenwart in wechselnden Formen mag auch die geopolitische Bedeutung und geografische Lage der Türkei sein.

21. Die NATO-bedingte Aufrüstung Südosteuropas und der wachsende Einfluss der USA

Die USA spielen durch ihr verstärktes Weltmachtinteresse im Mittelmeerraum eine erhebliche Rolle im Türkeikonflikt. Nach dem zweiten Weltkrieg waren sie bestrebt, als Supermacht ihren politischen, wirtschaftlichen und militärischen Einfluss auszuweiten und ihre Dominanz unter anderem auch in Griechenland und in der Türkei zu festigen.

Mit der Marshall Truman-Doktrin von 1947, die als Folge des Kalten Krieges entstanden ist, hatten die USA an der Türkei aus strategischen Gründen ein großes Interesse, sie unterstützten die so genannten „freien Völker", die für ihre Befreiung und auch gegen den Kommunismus kämpften.[256]
Diesbezüglich erklärte US-Staatspräsident Truman: „Wir müssen den „freien Völkern helfen, ihr eigenes Geschick auf ihre eigene Weise zu lenken."[257]

Gleichzeitig erhielt Großbritannien eine gewichtigere Rolle in Europa: „Es besteht in der Tat kein Zweifel, daran, dass es, als sich die Vereinigten Staaten nach dem griechisch-türkischen Hilfsprogramm 1947 eine politische Linie festgelegt hatten, in Großbritannien Kräfte gegeben hat, die ebenso wie Roosevelt und Truman wenige Jahre zuvor versucht waren, den britischen Einfluss dadurch zu stärken, dass sich die Briten nicht nur von Europa, sondern auch von der sich bereits abzeichnenden Konfrontation zwischen den Supermächten distanzierten, um damit die traditionelle Rolle Großbritanniens als Manipulator des Gleichgewichts der Kräfte in Europa und die des Vermittlers zwischen Ost und West zu erweitern."[258]

Damit sollte die Balance of Power in Europa gewährleistet sein, was natürlich für Zypern eine Rolle spielte, weil es demnach nicht aus dem britischen Einfluss entlassen wurde.

---

[256] Anm.: Zur strategischen Position im Weltmachgefüge: Siehe Kapitel 3

[257] Varvaroussis. Paris. Konstellationsanalyse der Außenpolitik Griechenland und der Türkei, München, S. 157

[258] Kissinger, Weltpolitik für morgen. a.a.O., S. 28

Ein Hauptinteresse der USA drehte sich um die strategische Position am Mittelmeer, die es zu halten galt, ein anderes betraf die Kontrolle des Nahen Ostens. Andererseits versuchten die USA mit dem Bündnis mit Griechenland und der Türkei die sowjetische Expansion in dieser Region einzudämmen. Das diesbezügliche Interesse des amerikanischen Imperialismus wird auch durch die Gründung des NATO-Paktes ersichtlich.

„Die 40er Jahre waren die Jahre phantasiereicher Männer und kühner Schritte auf beiden Seiten des Atlantiks: Der Marshall-Plan, die Truman-Doktrin, die Berliner Luftbrücke, der Brüsseler Vertrag und schließlich die NATO waren mutige und kreative Initiativen. Und in den folgenden Jahren haben die Vereinigten Staaten und ihre Verbündeten gegenüber sowjetischem Druck und sowjetischen Erpressungsversuchen in den Krisen um Korea, Berlin und die auf Kuba stationierten Raketen eine feste Haltung eingenommen.“[259]

Kissinger konstatierte mit diesen Äußerungen die aus der damaligen Sicht selbstverständlich von der Sowjetunion ausgehende Gefahr: die eines einheitlichen „Sozialismus“[260], der strategisch zu begegnen sei. Unter diesem Vorwand versuchte die NATO auch erfolgreich, ihren Einfluss in der Türkei und in Griechenland zu etablieren.

Der damalige Oberbefehlshaber der NATO, General L. Lemnitzer erklärte: „Süd-Osteuropa (Griechenland und die Türkei) sind für die NATO unentbehrlich. Die militärische Macht der NATO in diesem Raum ist ein wichtiges Hindernis gegen jeden Versuch einer strategischen Umfassung der NATO im Süden.“[261]

Wie bereits erwähnt wurde, finden jährlich systematische NATO-Manöver in Griechenland und der Türkei statt, wobei allein dem US-Imperialismus über hundert Militärbasen in der Türkei zur Verfügung stehen und auch die 6. Flotte im Mittelmeerraum stationiert ist.

„Seine (Nixons, Anm. des Autors) Konzentration auf den Mittelmeer-Raum und der Besuch der 6. Flotte zeigten deutlich, dass wir auch

---

[259] Ebenda, S. 29
[260] Vgl. Ebenda
[261] Ebenda, S. 157f

weiterhin beim Schutz und bei der Entwicklung in diesem Gebiet eine Rolle spielen wollten."[262]

Mit diesen Worten verdeutlicht Kissinger das Bekenntnis der USA, als Großmacht zu agieren und keinesfalls auch nur einen Funken an Einflussverlust im Mittelmeerraum zu riskieren. Auf griechischem Boden wurden die Luftwaffenstützpunkte Athen-Hellenikon, Elefsis-Piräus, Nea Makri, Souda Bay, Heraklion und Varympotis eingerichtet, die mit Funk- und Radarsystemen und Nachschubeinrichtungen ausgestattet sind.[263]

Im Jahr 1953 wurde zwischen Griechenland und der Türkei im Rahmen des Nordatlantischen Paktes ein Abkommen über die Benützung der Militärstützpunkte und der Seeflotte unterzeichnet. Mit diesem Vertrag wurden Griechenland und die Türkei verpflichtet, dass sie sich im Angriffs- und Kriegsfalle gegenseitig Hilfe leisten sollten, indem Sie sich mit den NATO-Streitkräften verbünden.[264]

Als Konsequenz bedeutete diese Vertragsunterzeichnung die Teilnahme an erwarteten Kriegen gegen sozialistische Länder und blockfreie Staaten im Interesse der USA und der NATO. Zum Beispiel an der Korea-Invasion der USA (1950-53) nahm Griechenland mit 1100 Soldaten und die Türkei mit 5455 Soldaten als NATO-Partner teil.[265]

„Als Kissinger am Samstag, den 22 September 1973, seinen Amtseid als Außenminister ablegte, hatte er seine Auffassungen über die internationalen Beziehungen und die amerikanische Strategie im Kalten Krieg bereits ausführlich dargelegt. Seiner Meinung nach bestand das entscheidende Problem nicht länger darin, '*zu verhindern, dass der Kalte Krieg zu einem heißen Krieg eskaliert, sondern in der Stärkung des Zusammenhalts unter den amerikanischen Verbündeten: Der NATO in Europa und der SEATO in Asien.*' Später sollte er den Zypernkonflikt aus genau dieser Perspektive betrachten: Was gut war für Großbritannien, Amerikas treuestem und verlässlichstem Verbündeten, war auch gut für die USA – das war die Hauptsache. Dann folgten die Interessen der Türkei und schließlich galt es, die unvermeidlichen

---

[262] Kissinger, Henry. A., Memoiren 1968-1973, München, 1979, S. 976

[263] Vgl. Ebenda, S. 161

[264] Vgl. Varvaroussis, S. 160

[265] Vgl. Katsikides.S. Der Nationalitätenkonflikt auf Zypern in seinen Auswirkungen auf die Gesellschaftsstruktur, Diplomarbeit, Wien 1983, S. 14

griechisch-türkischen Spannungen und etwaige Folgeschäden für die NATO zu berücksichtigen.“[266],[267]

Darüber hinaus wurde am 15. April 1976 zwischen Griechenland und den USA der Verteidigungsvertrag abgeschlossen, der in Kapitel 17 beschrieben wurde.

Damit war die Präsenz der USA in Griechenland wie weiter oben dargestellt, auch in der Türkei gefestigt. Die USA hatten somit die Kontrolle über den Mittelmeerraum zu dem Zweck, den Einfluss der Sowjetunion in diesem Territorium so weit wie möglich zu beschränken.

Der türkische Ministerpräsident Nihat Erim erklärte während der Militärdiktatur 1971 die demokratische türkische Verfassung von 1961 als „Luxus für die Türkei“, woraufhin die meisten demokratischen Rechte außer Kraft gesetzt wurden. Trotz dieser antidemokratischen Linie der türkischen Militärregierung waren die NATO und mit ihr die USA über die Kooperation mit der Türkei zufrieden: Einerseits sollte Zypern eine geheime Basis für die NATO werden, wobei auch die Ermordung von Erzbischof Makarios in Kauf genommen wurde (Anschlag am 8.3.1970). Andererseits begrüßten die USA sehr, dass Erim bekannt gab, dass die türkischen Häfen wieder für die amerikanische Flotte geöffnet würden, die Türkei gegen antiimperialistische, demokratische Kräfte vorgehen würde und die Zusammenarbeit mit den USA fortsetzen wollte.[268]

Um ihre Großmachtsinteressen durchzusetzen, zögerten die USA nicht, auch zwei rivalisierende Staaten in ihr Bündnis (die NATO) aufzunehmen. So wurden Militärbasen in Griechenland und der Türkei errichtet und sogar die Verpflichtung gegenseitiger Unterstützung bei einem Angriff von außen erreicht. Was wie ein Schritt in Richtung Multilateralismus im Sinne der Vertretung gemeinsamer Interessen aussieht, war in Wirklichkeit eine unilaterale Handlung, die Konfrontationen und Aufrüstung zur Folge hatte. Ein gegenseitiger Angriff der beiden Staaten schien der NATO wohl als geringeres Übel als das Ter-

---

[266] Sherman, Arnold, Zypern – die gefolterte Insel, Freiburg, 1999, S. 43

[267] Einschub: Varvaroussis schreibt, dass die Politik Kissingers nach seinen Machtvorstellungen gut in die Theorien des politischen „Realismus“ passen. Vgl. Varvaroussis, S. 170

[268] Vgl. Heinrich, Brigitte/ Roth, Jürgen, Partner Türkei oder Foltern für die Freiheit des Westens, Reinbek bei Hamburg, März, 1973, S. 94-95

ritorium den politischen Widersachern zu überlassen. Diese Gegebenheiten stellen den Hintergrund für die „Freiheiten" eines jeden zypriotischen Präsidenten dar: Aufrüstung und politische Dominanz auch in der unmittelbaren Nachbarschaft. Ob Blockfreiheit eine echte Alternative darstellte, wird in den folgenden Ergänzungen behandelt.

Innerhalb der NATO gab es kritische Stimmen von Generälen, die aufdeckten, dass die Staaten des Bündnisses unter dem Vorwand der Sicherung des Weltfriedens eigentlich nur auf ihre egoistischen Interessen bedacht sind/ waren, allen voran die USA mit ihrer Großmachtpolitik. Zudem zeigten sie auf, dass die Politik in den USA sehr unter dem mächtigen Einfluss der Rüstungslobby steht, dass die NATO sogar mit der Anschaffung von militärischem Equipment, das hauptsächlich amerikanisch war, die europäische Rüstungsindustrie schädigte, dass die USA die divide-et-impera-Politik im Mittelmeerraum in subtiler Art und Weise weiterverfolgten, dass die USA, die sich selbst als Wächter des Machtgleichgewichts deklarieren, unter dem Deckmantel der Gewährleistung der Sicherheit nicht vor vehementen militärischen Drohungen zurückschrecken und dass die NATO gerade in den Öl-Regionen ihren Einfluss verstärkte:
General a.D. M. H. von Meyenfeldt aus den Niederlanden meinte dazu: „... Und diese außenpolitische Strategie der Vereinigten Staaten zielt auf die Rückgewinnung einer Position der Stärke, auf die Rückkehr zu den alten Weltherrschaftsplänen: die USA in der Rolle des Weltgendarmen, der die atomare Drohung und Erpressung und – wo erforderlich – eine Kanonenboot-Politik als legitime Mittel zur Durchsetzung der politischen und ökonomischen Interessen ansieht. ... Es ist diesem Zusammenhang auch gar nicht überraschend, dass in den letzten Jahren so viel über die Ausweitung des Sicherheitsbegriffs, über die Ausdehnung des Aktionsbereichs der NATO, über politische und ökonomische Interessenssphären in der Öl-Region gesprochen und geschrieben wurde."[269]

Brigardegeneral a.D. Michael Harbottle aus Großbritannien: „In den USA sind Rüstungsgeschäfte durchaus lohnende Geschäfte für eine politisch einflussreiche Gruppe, dem militärisch-industriellen Komplex. Auf lange Sicht ist das allerdings eine der größten Selbsttäuschungen; (...) Große Profite können bei minimalen Risiken realisiert

---

[269] Generäle für den Frieden. Interviews von Gerhard Kade. Köln, 1981, S. 233

werden und zwar auf Kosten des Steuerzahlers. Eine einflussreiche Rüstungslobby manipuliert immer wieder den Kongress und das Weiße Haus im Sinne einer ständigen Verstärkung der sogenannten Verteidigungsausgaben."[270]

Admiral a.D. Antoine Sanguinetti, Frankreich: „Die NATO spielt eine tragische Rolle bei der Unterwerfung Westeuropas unter das Diktat der Rüstungsproduzenten und US-amerikanischen Interessensgruppen. Letzten Endes wird mit maßlosen propagandistischen Übertreibungen der Bedrohung das Problem der Hintergründe dieser Propaganda aufgeworfen. Will man im Westen ein Gefühl ständiger Verunsicherung schüren, um ein neuerliches Wettrüsten anzuheizen, das für bestimmte Kreise, nicht nur finanziell, überaus einträglich sein dürfte? ... Oder werden alle diese Ziele gleichzeitig verfolgt, um die Aufmerksamkeit der Europäer von der fortschreitenden Integration ihrer alten Nationen in das politisch-ökonomische amerikanische Imperium abzulenken, das sich schamlos breitmacht und heute unbestritten die Hauptbedrohung für ihre Unabhängigkeit darstellt? ... Es ist ferner eine Tatsache, dass die NATO im Laufe der Jahre auf dem Gebiet des politisch-ökonomischen Schutzes des europäischen Kontinents als regelrechtes 'trojanisches Pferd' fungierte. Zusammen mit dem Marshallplan – eigenartigerweise ebenfalls Ausfluss der Vorstellungen eines Militärs – trug die kostenlose Lieferung von überschüssigem Material, die konstante Entscheidung der NATO für amerikanisches Material, zum Abbau des Spitzen- und Forschungsbereiches der mächtigen europäischen Rüstungsindustrie bei."[271]

Der griechische General Georgios Koumanakos: „Folglich stellt die Präsenz der 6. Flotte eine zusätzliche Unregelmäßigkeit dar, weil sie in erster Linie auf offensiven Zielen und nicht auf Verteidigungsbedürfnissen der USA beruht und weil sie vor allem auf den Schutz der wirtschaftlichen Interessen des Imperialismus auf Kosten der Interessen der Mittelmeervölker, insbesondere der Araber, gerichtet ist. Es geschieht aber noch Schlimmeres. Um die militärische Präsenz der USA im Mittelmeer zu rechtfertigen und auf diese Weise zu verewigen, braucht man Unregelmäßigkeiten, und wenn es keine gibt, müssen sie geschaffen werden. Die verschiedenen amerikanischen Dienste haben sich als äußerst zuverlässige Helfer bei der Schaffung nützlicher

---

[270] Ebenda, S. 91

[271] Vgl. Generäle für den Frieden, a.a.o. S. 288ff

Unregelmäßigkeiten erwiesen, indem sie Meinungsunterschiede oder Rivalitäten, die innerhalb der politischen Kräfte in den Ländern oder zwischen den Ländern bestehen, missbrauchen. Sie fördern und pflegen diese Meinungsverschiedenheiten, um die Spannung in den Beziehungen dieser Länder anzuheizen und Zwietracht zu säen. Auf diese Weise brechen 'Krisen' aus und die Amerikaner beeilen sich dann, diese als ungebetene oder auch gebetene Schlichter zu lösen. Die altbewährte Methode des 'Teile und Herrsche' wird heute in verfeinerter Form mit ihrer 6. Flotte, die ständig durch die Gewässer des Mittelmeeres patrouilliert, von den USA praktiziert."[272]

Direkt auf die Zypernkrise bezogen bemerkt der britische General Michael Harbottle, dass zwar jeder Konflikt anders sei und anders behandelt werden müsse, dass Großbritannien aber in Nordirland, in Palästina und auf Zypern und Aden ähnlich agierte:
„... So muss beispielsweise die Haltung Großbritanniens in dieser Hinsicht in Frage gestellt werden, weil es augenscheinlich nur geringe Unterschiede in den Methoden gibt, die in Nordirland heute angewandt werden, gegenüber jenen, die vor 30 Jahren in Palästina und später in Zypern und Aden angewandt worden sind."[273]

Den strategischen Wert des Mittelmeerraumes für die NATO stellt auch der General Georgios Koumanakos fest:
„Angesichts der heute bestehenden Realitäten und im Rahmen der gegenwärtigen Strategien der Großmächte hat das Mittelmeer darüber hinaus einen weiteren strategischen Wert erworben, da mit den in der Region stationierten Streitkräften der USA folgendes durchgesetzt werden soll:
Verhinderung jedes sowjetischen Durchbruchs nach dem Süden, sei er nun strategischer, politischer, wirtschaftlicher oder ideologischer Natur; Überwachung der Völker und Regierungen aller Mittelmeer- und Nachbarstaaten bis zum Persischen Golf und zum Arabischen Meer; Sicherer und billiger Transport lebenswichtiger Rohrstoffe, die von großer strategischer und wirtschaftlicher Bedeutung sind, insbesondere jedoch von Erdöl aus der Region am Persischen Golf und aus Ostafrika in die Staaten des Mittelmeerraumes, Europas und Afrikas; Realisierung moderner Strategien, mit deren Hilfe die strategische Sicherheit des Nutzers erhöht werden kann.

[272] Ebenda, S. 135
[273] Ebenda, S. 111

Bis zum Zweiten Weltkrieg wurde das Mittelmeer von den Seestreitkräften Großbritanniens und Frankreichs, die imperialistische Länder mit riesigen Kolonien und großen kommerziellen und ökonomischen Interessen in überseeischen Gebieten waren, kontrolliert. Nach dem Krieg wurde die Kontrolle von Amerika als Erbe und Wächter des heutigen Imperialismus übernommen."[274]

Die kapitalistisch/imperialistischen Länder gründeten die NATO noch sechs Jahre vor dem Warschauer Pakt der sozialistischen Länder, um die Sicherheit und die Verteidigung der sogenannten „Freien Welt" vor dem Kommunismus zu gewährleisten.
Nach der Auflösung der Sowjetunion wurde die tripolare Welt zur bipolaren Welt umgewandelt. Der Warschauer Pakt wurde ebenfalls aufgelöst. Nach dem NATO-Beitritt einiger Länder konnte sich die NATO zugunsten der kapitalistisch/imperialistischen Länder global ausbreiten.[275]

Die nachstehende Tabelle zeigt den gegenwärtigen Stand der NATO-Mitgliedsländer auf
NATO – North Atlantic Treaty Organization
Die NATO ist ein Staatenbündnis mit derzeit 29 Mitgliedsstaaten. Neben den USA und Kanada auf dem amerikanischen Kontinent sind dies zahlreiche europäische Staaten. Alle Mitgliedsstaaten zusammen umfassen ein Gebiet von 24,57 Millionen km² und rund 933,91 Millionen Menschen. Dies sind 16,32% der weltweit bewohnbaren Fläche und 12,40% der Weltbevölkerung.

Die Abkürzung „NATO" steht hierbei für „North Atlantic Treaty Organization", also übersetzt „Organisation des Nordatlantikvertrags", die im Jahr 1949 hauptsächlich als Staatenbündnis zur militärischen Verteidigung der Mitglieder gegründet wurde.

Das NATO Hauptquartier hat seinen Sitz in Brüssel (zuvor London und Paris).

---

274 Ebenda, S. 131
275 Vgl. Khella, K., S. 269-271

Land	Beitritt	Region	Fläche	Einwohner
Albanien	2009	Süd-Europa	29.000 km²	2,87 Mio.
Belgien	1949	West-Europa	31.000 km²	11,37 Mio.
Bulgarien	2004	Ost-Europa	111.000 km²	7,08 Mio.
Dänemark	1949	Nord-Europa	43.000 km²	5,77 Mio.
Deutschland	1955	West-Europa	357.000 km²	82,70 Mio.
Estland	2004	Nord-Europa	45.000 km²	1,32 Mio.
Frankreich	1949	West-Europa	549.000 km²	67,12 Mio.
Griechenland	1952	Süd-Europa	132.000 km²	10,76 Mio.
Island	1949	Nord-Europa	103.000 km²	0,34 Mio.
Italien	1949	Süd-Europa	301.000 km²	60,55 Mio.
Kanada	1949	Nord-Amerika	9.985.000 km²	36,71 Mio.
Kroatien	2009	Süd-Europa	57.000 km²	4,13 Mio.
Lettland	2004	Nord-Europa	64.000 km²	1,94 Mio.
Litauen	2004	Nord-Europa	65.000 km²	2,83 Mio.
Luxemburg	1949	West-Europa	2.590 km²	0,60 Mio.
Montenegro	2017	Süd-Europa	14.000 km²	0,62 Mio.
Niederlande	1949	West-Europa	42.000 km²	17,13 Mio.
Norwegen	1949	Nord-Europa	385.000 km²	5,28 Mio.
Polen	1999	Ost-Europa	313.000 km²	37,98 Mio.
Portugal	1949	Süd-Europa	92.000 km²	10,29 Mio.
Rumänien	2004	Ost-Europa	238.000 km²	19,59 Mio.
Slowakei	2004	Ost-Europa	49.000 km²	5,44 Mio.
Slowenien	2004	Süd-Europa	20.000 km²	2,07 Mio.
Spanien	1982	Süd-Europa	506.000 km²	46,57 Mio.
Tschechien	1999	Ost-Europa	79.000 km²	10,59 Mio.
Türkei	1952	Vorder-Asien	785.000 km²	80,75 Mio.
Ungarn	1999	Ost-Europa	93.000 km²	9,78 Mio.
Vereinigte Staaten von Amerika	1949	Nord-Amerika	9.832.000 km²	325,72 Mio.
Vereinigtes Königreich	1949	Britische Inseln	244.000 km²	66,02 Mio.[276]

Nach der Annihilation der Bevölkerung von Hiroschima und Nagasaki 1945 durch die USA folgen weitere Aggressionen und Annihilation seitens der USA und der NATO. Das Kriegstreiben war mit dem zweiten Weltkrieg nicht beendet. Es folgten weitere Angriffe auf friedliche Staaten, die nur als Massaker bezeichnet werden können, die unendliches Leid erzeugten, dem sich niemand entziehen kann.

[276] https://www.laenderdaten.info/Staatenbuendnis/NATO-North-Atlantic-Treaty-Organization.php,; 22.1.2019

„Die US-NATO-Kriege-gegen Libyen, Jugoslawien, Irak, Afghanistan, Somalia und die Stellvertreterkriege Israels: 1947/48, 1956,1967, 1973, 1982, 2006, 2008/2009, Kaperung der Flotte mit den Solidaritätsspenden für die palästinensische Bevölkerung im von Israel belagerten Gaza (Gazza) im Mai 2002.“[277]

[277] Khella, S. 210

22. Die Auswirkungen der türkischen Invasion Zyperns auf die türkisch-amerikanischen Beziehungen

Die türkische Invasion auf Zypern hatte keine unmittelbaren Auswirkungen auf das Verhältnis zur USA: Ihnen war der Einfluss in der Region wichtig, den sie – da sie Stützpunkte sowohl in Griechenland als auch in der Türkei hatten – als gegeben erachteten, ohne sich um das Schicksal der Zyprioten zu kümmern. Makarios, der für die Unabhängigkeit Zyperns kämpfte und aus taktischen Gründen gute Beziehungen zu blockfreien Staaten und zur Sowjetunion pflegte, wurde gestürzt, womit die USA den Weg zum Beitritt Zyperns zur NATO geebnet sahen.

Die USA bemühte sich in unilateraler Weise, auf die Republik Zypern Druck auszuüben und dazu zu zwingen, in die NATO einzutreten, um sie für ihre militärischen Aktionen im Mittelmeerraum einzusetzen, insbesondere um die Südflanke des Nordatlantikpaktes zu verstärken und den Einfluss der Sowjetunion in diesem Raum zu beschränken.

Beide Putsche in Griechenland wurden von den USA initiiert, allerdings standen die hochrangigen Offiziere nicht unter amerikanischer Kontrolle. Die USA hatten den Putsch organisiert, um ihre Interessen zu gewährleisten. Damit im Zusammenhang stand auch das Interesse der USA über die mögliche ENOSIS Zyperns, weshalb sie auch den Putsch gegen Erzbischof Makarios in Auftrag gaben. Es gibt Hinweise darauf, dass die USA gleichzeitig – die Ereignisse fanden innerhalb weniger Tage statt – auch an der Invasion der Türkei in Zypern organisatorisch beteiligt waren.[278]

Der zypriotische Staatspräsident Erzbischof Makarios wurde am 15. Juli 1974 durch den amerikanischen Geheimdienst CIA, durch die sieben Jahre währende griechische Junta und durch die faschistische Organisation (EOKA-B) gestürzt. Der CIA-Chef in Athen unterhielt Kontakte zum hochrangigen Juntamitglied Ioannides und die USA waren von den Putschplänen auf Makarios unterrichtet. Es kann angenommen werden, dass die Gleichgültigkeit, mit der Washington auf

[278] Vgl. Zahariadis, S. 75

die Ereignisse auf Zypern reagierte, eher Absicht als Unwissenheit war.[279]

Die Putschisten wollten mit dem Ziel ENOSIS (Vereinigung mit Griechenland) die Insel gegen den Willen der zypriotischen Bevölkerung an Griechenland anschließen. Weil Präsident Erzbischof Makarios eine Neutralitätspolitik (Blockfreiheit) betrieb, die konträr zur Nahostpolitik der USA stand, bildete sie eine Gefahr gegenüber der Position des amerikanischen Imperialismus im Mittelmeer.[280]

Die Putschisten brachten in kurzer Zeit den rechtsradikalen EOKA-B Führer Nikos Sampson an die Macht, der in der zypriotischen Bevölkerung eine umstrittene Person war.

Die EOKA-B, eine faschistische Söldnergruppe, erhielt vom CIA finanzielle Unterstützung in der Höhe von 100.000 US-Dollar und militärische Unterstützung mit Waffen aus Griechenland und Israel.[281]
„The American embassy, together with the military mission and the CIA station, had become as influential in the governing of Greece as any of the country's own political institutions."[282]

Die USA nahmen immer wieder indirekt Einfluss auf die Zypernpolitik, indem sie sich zum Beispiel in die griechische Innenpolitik einmischten. Darüber hinaus ging es auch immer wieder um Einflussnahme auf die Ägäispolitik der beiden Nato-Partner Griechenland und Türkei.

„Griechische Ägäispolitik ist in großem Maße ein 'Reagieren' auf Ägäis-politische Initiativen Ankaras"[283] Die konfliktträchtige Einstellung von Premier Demirel bestätigt eine Aussage während eines Interviews mit dem Cumhuriyet Journalisten, Güngör Turgut, am 20. August 1975: Es gäbe keine griechischen Inseln, es gäbe ägäische Inseln. Trotz Protesten bestand er auf seiner Aussage.[284]

---

279 Vgl. Tzermias, S. 443f
280 Vgl. Varvarousis, S. 174
281 Vgl. Katsikides, S. 34
282 Meinardus, Ronald, Die Türkei-Politik Griechenlands, Frankfurt, 1985, S. 35
283 Ebenda, S. 277
284 Vgl. Birand, S. 83, Anmerkung: Dieses Statement löste einen diplomatischen Skandal aus. Das türkische Außenministerium war schockiert, denn

Der Verdacht an der Teilnahme von Massakern an den Zyperntürken und die Bestrebungen zum Anschluss Zyperns an Griechenland waren für die Türkei Anlass genug, um auf Zypern zu intervenieren: Die Türkei als sogenannte 'Schutzmacht' Zyperns okkupierte Zypern am 20. Juli 1974. Die türkische Armee besetzte den gesamten Norden. Die griechischen Zyprioten verloren nun 22 Prozent von insgesamt 82 Prozent der Landesfläche.

„Von Seiten der türkischen Armee kam es dabei zu barbarischen Übergriffen gegen griechisch-zyprische Zivilisten, etwa 40.000 Griechen wurden zu Flüchtlingen."[285]

Die türkische Armee ging derart brutal vor, dass die griechisch-zypriotische Bevölkerung vor der Invasionsarmee flüchtete. „Die türkische Armee konnte sich bei ihrem Vormarsch Zeit lassen, darüber hinaus konnten sich die Verantwortlichen von dem Vorwurf lossprechen, sie hätten die Bevölkerung gewaltsam vertrieben."[286]

Die Invasion der Türkei auf Zypern wurde von den USA nicht geahndet, obwohl gemäß der bilateralen Abkommen, die zwischen den USA und der Türkei unterzeichnet wurden, eine türkische Invasion nicht dem Vertrag entsprach. Somit waren die USA durch ihr Nichteinschreiten mitverantwortlich für die Teilung der Insel und die ethnische Trennung der Bevölkerung. Die Türkei hatte nicht mit Konsequenzen seitens der USA zu rechnen. Die doppelte ENOSIS, die eigentlich das Wunschziel der USA war, war jedoch gescheitert.

Demirel zeigte eine offensive türkische Haltung und widerrief seine Aussage nicht.

285 Brey, Heinritz, S. 26

286 Ebenda

23. Verschlechterung der Beziehungen zwischen den USA und der Türkei – das militärische Embargo gegen die Türkei

Infolge des Putsches gegen Makarios und der Invasion der Türkei auf Zypern kam es zu Spannungen zwischen der Türkei und den USA. „Trotz seiner außergewöhnlichen Fähigkeiten auf dem politischen Parkett hatte sich der Erzbischof jedoch viele Feinde gemacht.“[287] Der regionale Verwaltungsleiter der CIA, Muller, schrieb 1977, dass der Tod von Makarios nur eine Frage der Zeit sei. Laut Muller waren fünf oder sechs Attentate von USA-Außenminister Henry Kissinger angeordnet worden.[288]

Ausgelöst durch die Zyperninvasion verschlechterten sich die Beziehungen zwischen der Türkei und den USA erst in weiterer Folge, auch Spannungen zwischen der Türkei und Griechenland kamen hinzu. Die US-Regierung wurde durch die griechische Kongress-Lobby gezwungen, ein Waffenembargo gegen die Türkei zu verhängen. Darüber hinaus verschlechterte der Anbau von Opiummohn in der Türkei seit Monaten das türkisch-amerikanische Verhältnis.
Es gab aber noch einen anderen Grund, wie in der New York Times berichtet wurde: Im Frühling 1974 radikalisierte sich die politische Situation in der Türkei, die sozialistischen Bewegungen wurde einflussreicher und die USA waren deshalb beunruhigt. Im US-Kongress wurde darüber nachgedacht, die wirtschaftliche Hilfe an die Türkei einzuschränken.[289]

Somit war das Waffenembargo gegen die Türkei nach der Zyperninvasion nur ein Vorwand. In Wirklichkeit wollte Washington gegen den Linksruck und die demokratische Entwicklung in der Türkei vorgehen, die für ihre Machtpolitik eine Gefahr darstellte.[290]

---

287 Sherman, S. 42

288 Vgl. Ebenda, S. 43

289 Über den Prozess der Entscheidungsfindung zwischen Einzelpersonen, der öffentlichen Meinung und dem amerikanischen Kongress wirft Varvaroussis anregende Fragen auf, S. Varvarousis, S. 169. Gerade bei der Episode mit dem Waffenembargo wird deutlich, dass Außenminister Kissinger nicht alleine die Handlungen seines Staates bestimmt.

290 Vgl. Zahariadis, S. 83

Der Informationsdienst „Interativia Airletter" deutete an, dass amerikanisches Rüstungsmaterial auch über Drittstaaten in die Türkei gelangt sein dürfte, und zwar über Pakistan und Indien, Libyen und den Iran: „Am 12.9.1975 wird gemeldet, dass die libysche Regierung sieben Maschinen des Typs F-5 einschließlich Ersatzteilen an die Türkei kostenlos transferiert hat. Libyen soll diese Maschinen 'kurz zuvor' für 7 Mio. DM von den USA erhalten haben."[291]

Nachstehende Chronologie[292] zeigt das Waffenembargo der USA gegenüber der Türkei:

- 30. September 1974: Der Senat sperrt die Rüstungshilfe für die Türkei (Bewilligungsgesetz mit 57 gegen 20 Stimmen angenommen).
- 7. Oktober 1974: Das Repräsentantenhaus billigt die Einstellung der Rüstungshilfe für die Türkei.
- 9. Oktober 1974: Der Senat beschließt die Sperrung der Rüstungshilfe für die Türkei bis zum 15. Dezember aufzuschieben (mit 40 gegen 35 Stimmen).
- 11. Oktober 1974: Das Repräsentantenhaus lehnt diesen Beschluss ab (187 gegen 177 Stimmen).
- 14. Oktober 1974: Präsident Ford legt gegen die Entscheidung des Kongresses, die Rüstungshilfe für die Türkei zu sperren, sein Veto ein.
- 15. Oktober 1974: Das Repräsentantenhaus verfehlt die zur Überstimmung des Vetos erforderliche Zweidrittelmehrheit (bei 223 gegen 135 Stimmen).
- 16. Oktober 1974: Das Repräsentantenhaus billigt einen Antrag, der die Einstellung der Rüstungshilfe am 15. Dezember vorsieht, sofern keine Fortschritte hinsichtlich einer Lösung des Zypernkonflikts erzielt werden (mit 194 gegen 144 Stimmen).
- 17. Oktober 1974: Das Repräsentantenhaus verfehlt wiederum die zur Überstimmung des Vetos erforderliche Zweidrittelmehrheit (bei 161 gegen 83 Stimmen). Am gleichen Tag billigt das Repräsentantenhaus dann einen Kompromissantrag (mit 191 gegen 33 Stimmen), der die Fortsetzung der Rüstungshilfe an die Türkei bis zum 10. Dezember unter der Bedingung zulässt, dass die Türkei keine weiteren Waffen nach Zypern bringt, den Bestand der Truppen nicht vergrößert und den Waffenstillstand einhält.

---

[291] Albrecht, Ulrich u. a. (Angaben nach Reuter in To Vima, 13.9.1975)
[292] Varvarousis, S. 182ff

- 18. Oktober 1974: Der Senat übersendet die Vorlage ohne Abstimmung an Präsident Ford, der sie unter großen Bedenken unterzeichnet.
- 18. Dezember 1974: Der Kongress billigt eine Rüstungshilfe für die Türkei in modifizierter Form. Präsident Ford kann das Verbot bis zum 5. Februar 1975 aussetzen, wenn bis dahin „Fortschritte" hinsichtlich einer Lösung des Zypernkonflikts gemacht worden sind.
- 4. Februar 1975: Die türkische Ministerpräsident Sadi Irmak erklärt nach einer Sitzung des Nationalen Sicherheitsrates hinsichtlich der Einstellung der amerikanischen Militärhilfe, die Türkei sieht sich gezwungen, ihre Bindung innerhalb der NATO und die Zusammenarbeit mit den USA zu überprüfen.
- 4. Februar 1975 Präsident Ford erklärt hinsichtlich der vom Kongress geforderten Einstellung der Militärhilfe an die Türkei, dass die Rüstungshilfe nicht im Zusammenhang mit dem Zypernproblem steht. Sie beruht darauf, dass den Vereinigten Staaten ihre Verbündeten ebenso wichtig sind. Die Regierung hält die Auswirkungen einer solchen Sperre für so ernst, dass sie den Kongress ersucht, seinen Schritt zu überprüfen.
- 5. Februar 1975: Der Kongress stellt die Militärhilfe für die Türkei ein.
- 9. Mai 1975: Der Senat stimmt für eine begrenzte Wiederaufnahme der Waffenlieferungen an die Türkei:
- 17. Juni 1975: Erklärung der türkischen Regierung hinsichtlich des US-Waffenembargos gegenüber der Türkei und ihrer Verteidigungseinrichtungen: Die türkische Regierung glaubt, dass die Vertragsverpflichtungen bezüglich der Zusammenarbeit bei gemeinsam benutzten Verteidigungseinrichtungen keine Gültigkeit mehr habne; es wurde daher beschlossen, mit den Vereinigten Staaten neue Prinzipien und Konditionen auszuhandeln.
- 24. Juli 1975: Das Repräsentantenhaus stimmt (mit 223 gegen 206 Stimmen) für die Aufrechterhaltung des Waffenembargos gegenüber der Türkei.
- 25. Juli 1975: Die türkische Regierung beschließt, die Kontrolle über alle amerikanischen Stützpunkte und Einrichtungen in der Türkei zu übernehmen. Am gleichen Tag appellierte US-Präsident Ford an die türkische Regierung, die amerikanischen Stützpunkte in der Türkei nicht zu schließen.
- 28. Juli 1975 US-Präsident Ford richtet ein neues Ersuchen an den Kongress, das Waffenembargo aufzuheben.

- 2. Oktober 1975: Das Repräsentantenhaus billigt (mit 237 gegen 176 Stimmen) eine teilweise Aufhebung des Waffenembargos gegenüber der Türkei.
- 3. Oktober 1975: Der Senat stimmt dieser Aufhebung des Waffenembargos zu (zunächst gibt es Lieferung von Kriegsmaterial im Wert von 185 Millionen Dollar).
- 3. Oktober 1975: Die teilweise Wiederaufnahme der US-Waffenlieferungen an die Türkei wurden von der türkischen Regierung als nicht völlig zufriedenstellend angesehen: „Eine sofortige Reaktivierung der US-Stützpunkte komme nicht in Frage.

Die Befürworter des Waffenembargos gegen die Türkei argumentierten, dass die USA gegen das Gesetz verstoßen würden, wenn sie die Türkei weiterhin militärisch unterstützen würden, da die Türkei bei der illegalen Invasion auf Zypern amerikanische Waffen zum Einsatz gebracht hätten, was gegen die „Foreign Assistance Laws" verstoße. Sie hofften außerdem, dass die Türkei auf Grund des Waffenembargos gezwungen wäre, den Zypernkonflikt mit Griechenland friedlich zu lösen, ohne dass die USA in irgendeiner Weise davon beeinträchtigt werden würde.

Die Regierung Ecevit beschloss als Gegenmaßnahme zum Waffenembargo der USA die Übernahme und die Kontrolle der amerikanischen Militärbasen in der Türkei, welche kurze Zeit später unter dem Vorsitz Demirels wieder unter amerikanische Aufsicht gestellt wurden.

Die Krise, die während der sozialdemokratischen Regierung unter Ecevit zwischen den USA und der Türkei bestand, wurde also beendet, sobald die Nationalfrontregierung (Milliyetci Cephe) unter dem proamerikanischen Süleyman Demirel an die Macht kam, die sich in den Dienst der USA stellte.[293]

Ein dreimonatiges Waffenembargo scheint die einzige Reaktion der USA auf die türkische Invasion Nordzyperns geblieben zu sein. Selbst dieses kurze Intermezzo war nicht frei von politischem Taktieren: Die USA wollten bloß nicht Waffen in ein Land liefern, in dem die „falsche" politische Strömung stark werden könnte.

---

[293] Vgl. Kaya, S. 76

24. Etablierung des (Neo-)Liberalismus in der Türkei als Folge des Militärputsches und des US-amerikanischen Einflusses

Durch die Abhängigkeit der Türkei von den Interessen der Großmachtpolitik der USA fungierte das Land als Vorposten im Rahmen der NATO Politik. Durch die neoliberalen politischen Entwicklungen in den 80-er Jahren des 20. Jahrhunderts sollten diese Ideen auch in der Türkei etabliert werden. In diesem Fall in Form eines Militärputsches.

Zuerst möchte ich Quellen über die zivilgesellschaftlichen Auswirkungen des Militärputsches von 1980 zitieren:
„Die demokratischen Errungenschaften wurden durch den Putsch abgeschafft und demokratische Organisationen, Bauerngenossenschaften und Gewerkschaften wurden verboten. Der Putsch vom 12. September 1980 war der massivste Eingriff des türkischen Militärs seit Gründung der Republik 1924. Er hat die demokratische Entwicklung des Landes um mindestens ein Jahrzehnt zurückgeworfen. Die Putschisten ließen 50 Menschen hinrichten, in den Gefängnissen starben über 400 Gefangene an Folter und Misshandlung.“[294]
„Nach dem Putsch ging die Gewalt vom Militär aus: Die Generäle ließen Hunderttausende Menschen verhaften. Mehr als 500 Todesurteile wurden gesprochen, 49 vollstreckt. Weit mehr als 100 Menschen wurden zu Tode gefoltert. Zahlreiche Lehrer und Professoren erhielten Berufsverbote. Die Verfassung der Putschgeneräle schränkte zahlreiche Bürgerrechte ein und ist in Teilen auch heute noch in Kraft.“[295]

Zu den politisch-menschenrechtlichen Umständen dieser Umstrukturierung: Viele Menschen wurden verhaftet, gefoltert und zum Tode verurteilt, weil eine Gefahr für die pro-amerikanische, konservative Regierung bestand:
„Der Militärputsch stand in voller Übereinstimmung mit den Interessen der NATO. Er fand statt, nachdem gerade am 11. September ein NATO-Manöver mit 3.000 Soldaten in der Türkei begonnen hatte.

---

[294] www.taz.de › *Politik* › *Europa*, Türkische Putschistenführer vor Gericht, Ein historisches Prozess, 11.1.2012

[295] www.tagesschau.de/ausland/putsch100.html, *Prozess gegen Putschgeneräle vor 1980*

Das westliche Militärbündnis diente den Generälen als Deckmantel. Als sofort nach der Machtergreifung Juntaführer Kenan Evren betonte, die Türkei sei weiterhin loyales Vollmitglied der NATO mit allen dazugehörigen Rechten und Pflichten, hielt es das Bündnis nicht einmal für angebracht, die Übung abzubrechen. 'Die werden dort schon keinen aufhängen', zitierte damals der Spiegel (38/1980) ranghohe Offiziere im NATO-Hauptquartier in Brüssel."[296]
Aus der folgenden, in einem Telefonat geäußerten Erklärung des CIA-Agenten Paul Henze am Tag nach dem Putsch geht die Intention, die die USA im Süden und Osten verfolgten, deutlich hervor: „Unsere Jungs haben es geschafft."[297]

Wie Tuncer ausführlich beleuchtet, etablierte sich der Neoliberalismus in der Türkei ab 1980 aufgrund des verstärkten Interesses der USA, die Kredite und Waffenlieferungen gewährte, da sie die Türkei als strategisch im Kampf gegen die sowjetische Ausbreitung erachtete, akut geworden durch die Invasion in Afghanistan und die Islamische Revolution im Iran, die beide im Jahr 1979 erfolgten. Ebenso erhellt er diesen Schritt mit nennenswerten Details über die Bedeutung der Außenöffnung der bis dato abgeschotteten türkischen Wirtschaft und dem Ende der Importsubstituierung anhand des „Handwerkers" dieser Änderung, dem Technokraten Turgut Özal, der in weiterer Folge der erste Präsident mit nicht-militärischem Hintergrund seit dem Putsch 1960 wurde.[298]

Diese Haltung wird in einem Bulletin, das die türkische Armeeverwaltung unter dem Vorstand von General Mahmut Boguslu 1981 herausgegeben hat, widergespiegelt:

---

[296] www.wsws.org/de/2000/sep2000/puts-s12.shtml *20 Jahre seit dem Militärputsch in der Türkei*

[297] Vgl. Effenberger, Wolfgang, Das amerikanische Jahrhundert-Teil 1, München, 2011 http://books.google.at/books?id=u4pz3tJSOnMC&pg=PA160&lpg=PA160&dq=Paul+Henze-T%C3%BCrkei-12.+September+1980&source=bl&ots=vV_pfKhZsW&sig=Ighx0sSMyxMK-yiyiA-qVgTr_xs&hl=de&sa=X&ei=sMaST432OMbrOafo_YwE&ved=0CHwQ6AEwBg#v=onepage&q=Paul%20Henze-T%C3%BCrkei-12.%20September%201980&f=false, S. 160

[298] Vgl. Tuncer 139, 141

„(...) Yunan eski Osmanlı vatandaşlarıdır (...) Yunanistanla bir federasyon kurmalıyız. (...) Kıbrıs dörde bölünüp Girne Türkiye'ye bağlanabilir, ...Baf Yunanistan'a bırakılabilir, ... İngiliz üsleri bir süre şimdiki konumunu sürdürür, bunlar dışında kalantopraklarda da federe bir devlet kurulur."[299]

Der Inhalt dieses Bulletins vom 10. März 1981 besagt, dass die Griechen Staatsbürger des ehemaligen osmanischen Reiches sind und mit ihnen eine Föderation gegründet werden soll. Zypern soll in vier Regionen geteilt werden. Die Stadt Baf soll an die Griechen abgetreten werden, die Stadt Girne an die Türkei. Die britische Militärbasis darf noch eine Weile stationiert bleiben und auf dem restlichen Gebiet soll ein föderativer zypriotischer Staat gegründet werden.

Zu den territorialen Ansprüchen der Türkei äußerte sich auch Brzezinski: für ihn ist der Anspruch auf die alte osmanische Ausdehnung des Staatsgebietes aktuell, wenn auch aufgrund wirtschaftlicher und militärischer Gegebenheiten undurchführbar.[300]
Differenziert man die Vorgangsweisen unterschiedlicher Militärregime, so werden sie vom Chefredakteur der Frankfurter Allgemeinen Zeitung am 25. Jänner 1982 folgendermaßen analysiert: „Die Türkei des Generals EVREN ist das einzige der angeführten Militärregime, das Besatzungstruppen in einem anderen Land, nämlich Zypern, unterhält und eine expansionistische Politik zu Lasten eines weiteren Landes, nämlich Griechenlands, verfolgt."[301]

Nach dem Ende der Militärdiktatur in der Türkei kam auch durch den türkischen Ministerpräsidenten Turgut Özal Bewegung in die türkische Politik. Dies konstatiert der hochrangige türkische Militäroffizier, Richter und renommierte Autor M. Emin Deger, der feststellt, dass 1947 die Abhängigkeit und der Einfluss der USA in der Türkei begann und dass der Tag des Militärputsches, am 12. September 1980, einen Wendepunkt darstellte. Seit damals besteht ein direkter Einfluss der USA, als mit Turgut Özal, einem USA-loyalen Politiker, die Architektur einer neo-liberalen Politik mit pro-amerikanischer Ausrichtung gestaltet wurde.[302]

---

299 Bütün Dünya, S. 86, 1 Eylül, Ankara, 2012

300 Vgl. http://www.foreignpolicy.com/articles/2012/01/03/after_america, 23.12.1012

301 Papalekas, Johannes Chr., Die Zypernfrage. Problematik und Perspektiven eines Dauerkonflikts Frankfurt, 1987, S. 103

302 Vgl. Deger, M. Emin, Oltadaki Balik, Istanbul, 1993, S. 225, 286, 287

Diese Meinung teilt auch Jürgen Roth, der schreibt: „Türkische Monopolisten und die europäischen Staaten, insbesondere die Bunderepublik, gehen davon aus, dass unter der neuen Militärjunta und ihren politischen Marionetten die Politik der 'Liberalisierung' der türkischen Wirtschaft durchgeführt werden kann. Das geschieht mit der Förderung einer loyalen Staatsgewerkschaft, dem Verbot von Streiks."[303]

Viele Merkmale eines neo-liberalen Wirtschaftsprogramms sind vorhanden: Alle staatlichen Unternehmen (der Branchen Energie, Verkehr und Telekommunikation) wurden privatisiert und vom Staat dereguliert. Die Reallöhne gingen um 40% zurück[304], was durch die Entmachtung der Gewerkschaften während und nach der Militärregierung möglich war, und die Wettbewerbsfähigkeit der Exportfirmen wurde erhöht. Das Scheitern dieses Modells manifestierte sich u.a. durch die häufigen Finanzkrisen der 1990iger Jahre.[305] „In den beiden Jahrzehnten etablierte sich in der Türkei ein 'wilder Neoliberalismus' ohne Herausbildung neuer Governance-Institutionen und Stabilität."[306]

Die Basis für diesen Einfluss wurde jedoch schon lange zuvor etabliert. Der „Washington Consensus" diktierte seit den 1950er Jahren die hegemoniale Politik der USA, des IWF und der Weltbank in den lateinamerikanischen Ländern. Die Auswirkungen sind so gravierend, dass laut Noam Chomsky selbst die internationale Wirtschaftspresse die Drahtzieher – das sind ursprünglich die US-amerikanische Regierung, globale Finanzeinrichtungen und schließlich die großen Konzerne – als Weltregierung sieht und von einer neuen Ära des Imperialismus spricht.[307]

Die beschriebenen Marktprinzipien wurden auch auf die Türkei angewandt. Ercan und Oguz beschreiben diesen Prozess so, dass ein gesetzlich-institutioneller Rahmen etabliert wurde, der eine Kontrolle auf

---

[303] Roth, J., Taylan, K., Die Türkei, Republik unter Wölfen, Bornheim, 1981. S. 27

[304] Vgl. Atac Ilker, EU nach Konvent und Osterweiterung, Kurswechsel, Heft 1, Wien, 2004, S. 90

[305] Vgl. Ebenda, S. 89

[306] Ebenda, S. 90f.

[307] Vgl. Chomsky, Noam, Chomsky, Noam, groups.unipaderborn.de/transparenz/politdocs/chomsky02.pdf, 4.7.2013, S. 9

der Mikroebene ermöglichte. Durch „Anti-Labour Gesetze“ beispielsweise wurden die Arbeitsbedingungen der ArbeiterInnen neu reguliert und organisierte Interessensvertretungen geschwächt.

Die Forderungen des Washington Consensus zielen auf die fiskalische und monetäre Disziplinierung, auf die Deregulierung der Märkte, die Liberalisierung des Außenhandels, die Abwertung von Wechselkursen als Instrument zur Exportsteigerung und die Privatisierung öffentlicher Einrichtungen ab. Spezifische Eigenheiten der betreffenden peripheren Länder wurden nicht berücksichtigt.[308]

Am Beginn der 1980er Jahre sei der türkische Kapitalismus – so Ercan und Oguz – im Marxschen Sinn von reeller Subsumtion dominiert worden, während der Prozess der formellen Subsumtion trotzdem andauert, weil die Arbeitskraft auf dem Land oftmals nicht dem Produkt entfremdet war oder abstrakte Arbeit verrichtete (Marx verstand unter Subsumtion eine Unterordnung der Arbeitskraft unter das Kapital.).

„In Bezug auf Länder mit ungleichmäßiger und kombinierter Entwicklung wie der Türkei, können wir jedoch von einer gleichzeitigen Wirkungsweise von formeller und reeller Subsumtion sprechen. Mit Beginn der 1980er Jahre wurde der türkische Kapitalismus von reeller Subsumtion dominiert und von diesem Prozess relativ stark beeinflusst“.[309]

Stakeholder wie Beratungsfirmen, internationale Banken und Investoren bekamen wachsenden Einfluss auf die politischen Agenden. Die Wirtschaftskrisen von 1994, 1999 und 2001 zeigten, wie instabil diese Staatsgefüge waren, wobei die neoliberalen Maßnahmen nie hinterfragt wurden.
Dabei wurden in der Türkei zwei Linien verfolgt: Die Restrukturierung des Gesundheitssystems und das System der sozialen Sicherheit wurden aus der staatlichen Kontrolle entlassen, während die Kontrolle über die Arbeitssysteme dem Staat überlassen wurde, um die Herrschaft über die betroffenen Schichten aufrecht erhalten zu können.[310]

---

308 Vgl. Atac, Ilker; Kraler, Albert; Ziai, Aram (Hrsg.): Politik und Peripherie, Wien, 2011, S. 118

309 http://fuatercan.wordpress.com/2009/06/12/anti-neoliberale-strategien-neu-denken-ein-blick-auf-die-turkei-aus-der-perspektive-der-werttheorie/ 26.6.2013, S. 9

310 Vgl. Bedirhanoglu, Pinar, S. 102 f.

„In den 1990er Jahren bildeten Finanzkrisen in mehreren 'emerging markets', in denen eine vom 'Washington Consensus' diktierte neoliberale Entwicklungsweise herrschte, die Normalität der Entwicklung. Jedoch rückten die Finanzkrisen, das zunehmende Staatsdefizit und die fehlende institutionelle Anbindung des Neoliberalismus den 'Washingtoner Konsensus' zunehmend in den Mittelpunkt der Kritik.“[311]

Dies hatte massive gesellschaftliche Auswirkungen, weil der materielle Mehrwert im globalen Wettbewerb oft nicht ausreichte. Viele Maßnahmen wurden getroffen, die Bereiche Gesundheit und soziale Sicherheit wurden privatisiert und eigene, sich außerhalb der Zuständigkeit des Finanzministeriums befindliche Fonds geschaffen.[312] Sichtbare Folgen dieses dreißigjährigen Kampfes sind eine Neuordnung der privaten und öffentlichen Sektoren, die Reduktion von öffentlichen Ausgaben und die angebliche Ressourcenknappheit.[313] In der Türkei sind von der neoliberalen Globalisierung vor allem die Schichten der Bauern, LandarbeiterInnen und die kleineren und mittleren Unternehmer betroffen. Außerdem dauert die Ausbeutung der Frauen und Kinder weiterhin an und hat sich sogar noch verstärkt.[314] Weitere Verweise auf die neoliberale Politik sind im 4. Kapitel nachzulesen.
Diese neoliberale Politik versuchte alle Hindernisse aus dem Weg zu räumen, die der Kapitalakkumulation im Wege standen, was zu harten politischen und gesellschaftlichen Kämpfen führte.[315]

Um die Etablierung der neuen neoliberalistischen Wirtschaftsweltordnung zu dokumentieren, nennt Prof. Isikli in seinem Werk „Yeni Orta Cag“ (Neues Mittelalter) einige aussagekräftige Tatsachen und Zahlen: Sämtliche Wirtschaftstätigkeiten befinden sich weltweit in den Händen von nur 200 Firmen.

---

[311] Atac, Ilker, Was für einen Staat wünscht sich die EU in der Türkei? www.beigewum.at/wordpress/wp-content/.../089_ilker_atac.pdf, S. 91

[312] Vgl. Bedirhanoglu, Pinar, S. 112 ff

[313] Vgl. http://fuatercan.wordpress.com/2009/06/12/anti-neoliberale-strategien-neu-denken-ein-blick-auf-die-turkei-aus-der-perspektive-der-werttheorie/ 26.6.2013, S. 3

[314] Vgl. Bedirhanoglu, Pinar, 106 f.

[315] Vgl. Bedirhanoglu, Pinar, Restrukturierung des türkischen Staates im Kontext der neoliberalen Globalisierung, in: Atac, Ilker, Perspektiven auf die Türkei, Münster, 2008, S. 106

Der Halbjahresgewinn der 6 größten türkischen Banken war 1998 größer als der Jahresgewinn der 100 größten türkischen Unternehmen.[316]

Vor diesem Hintergrund werden die vielfältigen inflationären Entwicklungen in der Türkei nachvollziehbar, wie sie entsprechend den Interessen des IWF erzeugt wurden.[317]

Die künstliche Schwäche der türkischen Währung bewirkte eine Schwächung der industriellen Investitionen. Dadurch schrumpften die Einkommen, stiegen die Preise und sank der Lebensstandard. Dies verursachte soziale Krisen und Streiks. Private Einrichtungen und Großgrundbesitzer wurden dagegen begünstigt.[318]

Seit dem Stand-by Abkommen der Türkei mit dem IWF ab 2000 kam es zu einer Vergrößerung der „Einkommensschere". Zwischen 1993 und 1998 sank das Lohnniveau in der Türkei um 33%.[319]

Zur Durchführung der Zollunion in einem Dreistufenplan erhielt die Türkei auch Finanzhilfen der EU. Ein EU-Beitritt der Türkei wurde in Aussicht gestellt.[320] Nach der Finanzkrise 2001 wurden deshalb schnell neue Schritte gesetzt, in 15 Tagen wurden 15 Gesetze verabschiedet, wobei Bedirhanoglu oft betont, wie stark die Korruption im Land fortgesetzt wurde.[321]

Lösungsvorschläge zur Entschärfung dieser Entwicklung zielen auf eine stärkere Verantwortung des Staates hin und auf den Wunsch nach stärkerer Regulierung der neoliberalen Marktwirtschaft. Schon Bourdieu schlug Maßnahmen vor, um dem gegenwärtigen „Turbokapitalismus" Fesseln anzulegen und die sozialen Kosten des Finanzmarktkapitalismus zu verringern.

---

316 Vgl. Isikli Alparslan, Yeni Orta Cag, Istanbul, 2007, S. 43

317 Vgl. Bedirhanoglu, S. 230

318 Ebenda

319 Vgl. Demirer, Temel, Özbudun, Sibel, Özgür, Gökcer, Sakinc Erdem, Mustafa, 20. Yüzyildan 21. Ye... In: Özgür, Gökcer, Sarkinc, Erdem, Mustafa (Hrsg.) Amerika: Rüyami? Kabus mu?, Ankara, 2001, S. 100

320 Vgl. Atac, Was für einen Staat... S. 91ff

321 Vgl. Bedirhanoglu, S. 105

„Angesichts des gegenwärtigen Zustandes müssen sich die Kämpfe der Intellektuellen, der Gewerkschaften, der Verbände vor allem gegen den Niedergang des Staates richten. Die Nationalstaaten werden von außen unterhöhlt durch die Finanzmärkte und von innen durch jene untergraben, die sich zu ihren Komplizen machen, Bankvertretern, Finanzpolitikern, usw. Ich denke, dass die Beherrschten ein Interesse an der Verteidigung des Staates haben, insbesondere seines sozialen Gesichtes. Das hat mit Nationalismus nichts gemein.“[322]

Diese Maßnahmen könnten die Ursachen der globalen ökonomischen Krisenhaftigkeit mildern, die weltweiten Instabilitäten wie das rasche Wachstum und den Verfall von Industrien und Vermögen, plötzliche Verschiebungen in Produktion, Kapitalfluss und Währungsspekulation.[323]
Um die Ursachen der globalen ökonomischen Krisenhaftigkeit als Teil des neoliberalen Systems zu beseitigen, können verschiedene Maßnahmen ergriffen werden. Eine davon wäre, die Arbeitszeitverkürzung in allen europäischen Ländern durchzusetzen und die Rücknahme sozialer Errungenschaften zu verbieten. Den globalen Finanzmächten, die keinerlei soziale Verantwortung tragen, müsste ihre Macht entzogen werden.

Die Auswirkungen sind so gravierend, dass laut Noam Chomsky selbst die internationale Wirtschaftspresse die Drahtzieher – das sind ursprünglich die US-amerikanische Regierung, globale Finanzeinrichtungen und schließlich die großen Konzerne – als Weltregierung sieht und von einer neuen Ära des Imperialismus spricht.[324]

Durch die Annäherung der Türkei an die EU wurde der Umbau auf neo-liberale Schienen kanalisiert, was auch mit einer Umformung des Staates einherging. Der Einfluss der EU wurde auch durch die Zollunion noch stärker. Die Türkei erhoffte sich dabei einen größeren Einfluss in der EU und durch Direktinvestitionen eine größere wirtschaftliche Stabilität.[325]

---

322 Bourdieu, S. 49

323 Vgl. Mackert, S. 201

324 Vgl. Chomsky, Noam, groups.unipaderborn.de/transparenz/politdocs/chomsky02.pdf, 4.7.2013, S. 9

325 Vgl. Attac, S. 96

Diese Visionen sind jedoch von großem Euphemismus gekennzeichnet, wenn wir uns die oben genannten humanitären Auswirkungen in Erinnerung rufen.

In unregelmäßigen Abständen fanden immer wieder neue Gespräche statt, um die Beitrittsverhandlungen in Gang zu bringen. Erst eines von 35 Verhandlungskapiteln (Wissenschaft und Forschung) wurde abgeschlossen, 13 erfolglos eröffnet. Wegen der Zypernpolitik Ankaras landeten die Verhandlungen mit der EU jahrelang in einer Erstarrung, weil Ankara sich weigerte, die griechisch-zypriotische Regierung anzuerkennen.[326]

Die Situation lässt sich mit den Auswirkungen der Militärdiktaturen in Südamerika vergleichen. Es erinnert beispielsweise an Chile, wo nach dem Militärputsch durch Einflussnahme des IWF und der Weltbank neo-liberale Prozesse in Gang gebracht wurden.[327] Die politische Schwächung der Arbeiter sowie die wirtschaftlichen Folgen des Rechtsrucks (Stichwort Auslandsverschuldung) für Südamerika werden von Becker detailliert beschrieben.[328]

Es scheint, dass für die neoliberale Umstrukturierung des Staates auch in der Türkei ein Militärputsch nach lateinamerikanischem Vorbild erforderlich war.

---

326 Vgl. Mayer, Thomas (22.10.2013), EU und Türkei schleppen sich weiter: http://derstandard.at/1381369458773/EU-und-Tuerkei-schleppen-sich-weiter

327 Vgl. Becker, Joachim, in: Fischer, Karin; Maral-Hanak, Irmi; Hödl, Gerald; Parnreiter, Christof (Hrsg.): Entwicklung und Unterentwicklung, Wien, 2004, S. 152

328 Ebenda, S. 152

25. Weitere Entwicklung des Neoliberalismus in der Türkei

Die Beziehungen der Türkei zum globalen kapitalistischen System und der Einfluss der Großmachtpolitik auf die Entstehung und Entwicklung des türkischen Neoliberalismus seit dem Militärputsch 1980. Die gesellschaftlichen Bedingungen sind seit Jahren sehr prekär und von hoher Verschuldung von Privathaushalten und Privatunternehmen geprägt. Durch den mächtigen Einfluss der „Herren und Meister der Privatwirtschaft“ [329] sind die Lohnabhängigen unmittelbar mit den Auswirkungen konfrontiert. Es kommt zu Enteignungen, während die Lebensgrundlagen der ländlichen Bevölkerung auch durch die Kommodifizierung der Ressourcen bedroht sind.

Allgemein gesprochen stellt die wirtschaftliche Entwicklung der Türkei einen Sonderfall dar, der sich von europäischen Staaten und dem Nahen Osten erheblich unterscheidet.

Viele Autorinnen und Autoren sind sich darüber einig, dass der Putsch 1973 in Chile den Start des Neoliberalismus darstellt.[330] Ercan/Oguz zeigen, dass auch in der Türkei ein Maßnahmenpaket zur Neuordnung der Wirtschaft bestand und der Putsch im Jahre 1980 deshalb nach neoliberalen Kriterien ausgerichtet war. Der Grund für diese Linie war, dass nach der ersten Phase von Exportförderungen und dem Ansteigen der Löhne bald eine Grenze erreicht wurde und die einzige Lösung in der Liberalisierung der Finanzmärkte gesehen wurde. Nach dem Wechsel der Binnenwährung zur Konvertibilität der türkischen Lira 1989 folgten mehrere wirtschaftliche Krisen.[331]

Auf die sozialen und wirtschaftlichen Verhältnisse in der Türkei hatte diese globale Entwicklung der neoliberalen Politik in den 1980er Jahren massive Auswirkungen: Das kann an einigen Zahlen bezüglich Kinderarbeit und der Entwicklung der Löhne nachgewiesen werden. Obwohl die Türkei als einziges Land weltweit einen Feiertag der Kin-

---

[329] Chomsky, Noam, groups.uni-paderborn.de/transparenz/politdocs/chomsky02.pdf, 4.7.2013, S. 9

[330] Bedirhanoglu, Pinar: Restrukturierung des türkischen Staates im Kontext der neoliberalen Globalisierung, in: Atac, Ilker, Perspektiven auf die Türkei, Münster, 2008, S. 108f.

[331] http://fuatercan.wordpress.com/2009/06/12/anti-neoliberale-strategien-neu-denken-ein-blick-auf-die-turkei-aus-der-perspektive-der-werttheorie/ 26.6.2013, S. 2

der proklamiert hat, sieht die alltägliche Realität anders aus: Laut Angaben der türkischen Arbeiterkammer steht die Arbeit von Kindern und Jugendlichen an der Tagesordnung. 4 Millionen Kinder und Jugendliche im Alter zwischen 6 und 18 Jahren arbeiten in verschiedenen Branchen. 80% der Jugendlichen beginnen vor dem 15. Lebensjahr zu arbeiten. Trotz gesetzlichem Verbot verrichten sie oft gefährliche und anstrengende Arbeiten.[332]
Um die Forschungsfrage zu beantwort en, ist es nötig, im Vorfeld Begriffsklärungen für den folgenden Theorieteil zu geben. Die Bedingungen der Türkei, eines peripheren Staates, der historisch von Imperialismus- und Großmachtpolitik geprägt ist, sind vor dem Hintergrund der folgenden Dimensionen wie Imperialismus, Globalisierung und Neoliberalismus zu sehen.

---

[332] Vergl. Demirer N. Göksel, Demirer, Temel, Duran, Metin, Görgün Özgür Orhangazi, Özgür, Gökcer, Yapici, Kahraman, S. 127

26. Die Auswirkungen des Neoliberalismus – politischer Protest im Gezi-Park im Mai/Juni 2013

Die neoliberalen Konzepte haben große Teile der Bevölkerung in eine prekäre Lage gebracht. Als öffentlicher Raum einem kapitalistischen Zweck zum Opfer fallen sollte, ließen sich das besonders die jungen Menschen, denen ein Treffpunktgeraubt werden sollte, nicht bieten.
Der Gezi-Park in Istanbul sollte einem Einkaufzentrum weichen: Diese alltägliche Vorgangsweise türkischer Behörden führte zur einem Massenaufstand gegen die Unterdrückung und neoliberale Politik der türkischen Regierungspartei AKP. Es war die erste große Auflehnung gegen eine Regierung nach dem Militärputsch 1980.
Die konservativ neoliberale Politik der Regierung, die demokratische Grundrechte einschränkt, wurde von der Bevölkerung nicht mehr länger hingenommen. Neoliberale Umbaumaßnahmen, die ohne Zustimmung der Kommunen und ohne Berücksichtigung möglicher Auswirkungen auf die Umwelt durchgesetzt wurden, haben den Unmut der Bevölkerung erregt.
Zudem wurden wegen diesen Bauvorhaben BewohnerInnen aus ärmeren Schichten, oft Angehörige von Minderheiten, vertrieben. Der ärmere Teil der Bevölkerung litt am stärksten unter den Auswirkungen der neoliberalen Politik.
Trotz positiver Wirtschaftswachstumsraten sind die Schattenseiten der neoliberalen Wirtschaftspolitik unübersehbar: Die Landflucht der Bevölkerung führt zur Armut der Stadtzuwanderer.
Die Privatisierung der meisten Sektoren für Produktion und Dienstleistung, die Instrumentalisierung der Ressourcen und des Humankapitals und zunehmende Privatverschuldung gehen mit dem hohen Wirtschaftswachstum einher.
Die Strategien zur Armutsbekämpfung in der Türkei basieren nicht auf Programmen der Arbeitsbeschaffung oder dem Einkommensschutz, sondern auf den Konzepten von IWF und Weltbank.

27. Die Sichtweise pantürkischer und islamistischer Propagandisten – insbesondere der Grauen Wölfe

Alparslan Türkes, ein bekannter rechtsextremistischer Politiker der Türkei, wurde 1917 in Nikosia geboren. Im Alter von 15 Jahren zog er nach Istanbul. Er wurde zum Berufsoffizier. Türkes, der Führer und Begründer der MHP, der nationalen Bewegungspartei[333] und auch Führer der 'Grauen Wölfe', sagte in seinen „Notizen eines Idealisten": „Wo auf der Welt es einen Türken gibt, fangen unsere natürlichen Grenzen an."[334]

Diese Definition der „natürlichen Grenzen der Türkei", stellte natürlich eine Provokation dar. Die hier angeführten Beispiele stehen stellvertretend für Aktivitäten der panislamistischen und pantürkischen Richtung, die umso breiter wirken, wenn sie in einer bereits existierenden Bewegung aufgehen. An dieser Stelle wird die Wahl der Mittel in Frage gestellt: Darf die militante Tradition mit mafiosen Strukturen weitergelebt werden? Über die Wahl neuer Mittel und den Aufbau einer neuen Tradition findet sich mehr im nächsten Kapitel.

Die Grauen Wölfe operieren sehr weitläufig, so waren sie u.a. auch verantwortlich für das Attentat auf Papst Johannes Paul II. im Jahr 1981. Der Attentäter Mehmet Ali Agca hatte „seinem Führer" Türkes 1983 einen Brief geschrieben und sich für die Unterstützung bedankt: „Sehr geehrter Führer, indem ich Ihnen hochachtungsvoll die Hände küsse, halte ich es für meine Pflicht, Ihnen vor allem meinen grenzenlosen Dank für ihre väterliche Fürsorge auszusprechen. Dank meinen Idealistenbrüdern, die mich bei sich aufnahmen, sowie der allseitigen Unterstützung, die sie mir gewähren."[335]

Nebenbei sei erwähnt, dass die Grauen Wölfe von der CIA mit Waffenlieferungen unterstützt wurden. So verschwand Frank Terpil, der Patron der Oceanik International (Deckname für eine Exportfirma, die

[333] Anm.: die MHP, eine nationalistische Partei, ist derzeit die zweitstärkste Oppositionspartei in der Türkei, sie gilt als islamistisch und pantürkisch

[334] Roth, J., Taylan, K., Die Türkei, Republik unter Wölfen, Bornheim, 1981, S. 106

[335] Roth, Jürgen / Ender, Berndt, Dunkelmänner der Macht, politische Geheimzirkel und organisiertes Verbrechen, Bornheim, 1984, S. 36

amerikanische Waffen in den Nahen Osten lieferte) in den Untergrund. Bei einer Pressekonferenz in Beirut behauptete er, „dass seine Mission darin bestanden habe, den Grauen Wölfen Waffen zu liefern und sie mit Hilfe von ehemaligen Instrukteuren der US-amerikanischen Green Berets auszubilden. Nach dieser Pressekonferenz verschwand er erneut im Untergrund."[336]

Für die oben genannte Argumentation zitierte er prostaatliche, panislamische und pantürkische Autoren, noch dazu ohne konkrete Beweisführung.

Vorher soll noch ein Exkurs zu panislamistischen und pantürkischen Motivationen erfolgen: Volkan nennt als Wurzel den Zusammenbruch des Osmanischen Reiches, dessen Folgen den westeuropäischen Revolutionen nicht unähnlich sei. Um die alte, multikulturelle, multireligiöse und vielsprachige „Konglomerats-Identität" abzulösen, stellte er drei Identitätskonzepte vor: a) die osmanische Identität auf alle Bürger auszuweiten. b) Großwesir Said Halims Vision, alle Muslime unter einem Pan-Islamismus zusammenführen. c) Yusuf Akcura zielte auf eine Expansion der türkischen Identität, die auch jene zusammenführen sollte, die sich als Türken *fühlten*. Er selbst war von der Abstammung her ein Tatare aus Russland.[337],[338]

Vali beschreibt den Identitätswandel vom osmanischen Universalismus zum türkischen Nationenstatus als revolutionären Wandel. Nationalismus war die offizielle Ideologie der Türkei Ende der 1920iger Jahre, die die Hindernisse der Stammeszugehörigkeit, der Religions-

---

[336] Ebenda, S. 218

[337] Volkan, S. 182 f

[338] „Vamik Volkan (78) wurde im zypriotischen Nikosia als Sohn einer türkischen Familie geboren. 1957 wanderte er in die USA aus, wo er Psychiatrie studierte und sich zum Psychoanalytiker ausbilden ließ. Bis 2001 war er Professor für Psychiatrie an der University of Virginia." (Brickner, Irene: „Nationen können über sich nicht nachdenken". In Der Standard. 30 April/1. Mai 2011). Über derzeitige Tätigkeiten berichtet www.odatv.com am 22.12.2010, dass Prof. Volkan dem türkischen Präsidenten Gül ein Lösungspaket vorlegte mit 71 Vorschlägen zu Kurdenfrage. Der weltbekannte Friedens- und Krisenforscher Prof. Volkan wird dabei als vom CIA infiltriert dargestellt. Oda TV ist eine seriös recherchierende Internetzeitung.

loyalität und der Traditionsliebe überwinden musste. Den Vorläufer sieht er im Turanismus, der sogar eine „turanische Rasse“ definierte.[339]

Auch Brzezinski sah ähnliche Orientierungen: das aus der (großen) Vergangenheit abgeleitete Selbstbewusstsein der Türkei (postimperialer Staat) sowie die muslimisch/islamistische Orientierung mit Blick nach Süden und Osten und auch er erkennt ein „neues Missionsgebiet“ der historisch denkenden Nationalisten: nämlich die Turkvölker des Kaspischen Beckens und Zentralasiens.[340]

Zur Lebendigkeit dieser Ideologie: Die MHP (s.o.) ist davon inspiriert, sie stellte vor 10 Jahren die Regierungspartei.

John Darwin, ein westlicher Autor, verortet die Entstehung des Panislamismus in die Zeit des Verlustes der europäischen Provinzen, nachdem das osmanische Imperium ein türkisch-arabischer und muslimischer Staat war. Dies geschah in der Regentschaft Abdul Hamids II. (1876-1909).[341]

[339] Vgl. Vali, Ference, A; Bridge across the Bosphorus, The Foreign Policy of Turky, Balitmore, 1971, S. 364f. Bezüglich des Turanismus: Vgl. ebendort, ein Leon Cahun wird zitiert, der die Turan als Ureinwohner Europas sieht, bevor die Kelten, Lateiner und Germanen kamen. Auch Mustafa Celaleddin nannte dieses Volk. Die Abkehr von der Verwestlichung bezeichnet Letzterer als Rückkehr zu ihren zivilisatorischen semitischen (islamischen) Wurzeln, als Vereinigung mit ihren „Verwandten“.

[340] Vgl. Brzezinski, S. 195

[341] Vgl. Darwin, S. 276

28. Der Einfluss hegemonial gesteuerter Weltmachtpolitik der USA im 20. und 21. Jahrhundert mit besonderer Berücksichtigung Großbritanniens

Jede Weltmacht beruht auf einer soliden wirtschaftlichen Basis. Der Weg der USA dahin verlief über Adaptionen aus dem British Empire. Blickt man zurück, so sieht man bereits ab dem 17. Jahrhundert durch die starke Steuerung des Marktes eine wirtschaftliche Situation in Großbritannien, die Konkurrenten fernhielt und die eigene Produktion professionalisierte. Später im 19. Jahrhundert verhinderten beispielsweise hohe Zölle und Gewaltanwendung, dass sich z.B. in Indien die Herstellung von Lokomotiven, Textilprodukten oder Schiffbau erfolgreich etablieren konnte. Als sich Japan im vorletzten Jahrhundert wirtschaftlich zu einem erstzunehmenden Konkurrenten entpuppte, wurden japanische Exporte in das Empire kurzerhand verhindert. In dieser Zeit entwickelte Großbritannien in der Chemie-, Stahl- und Luftfahrttechnik sowie bei Werkzeugmaschinen gegenüber Deutschland einen klaren Vorsprung. Während dieser Zeit übernahm auch die USA das Modell der britischen Marktsteuerung.[342]

„Ein Jahrhundert später als England beschritten die Vereinigten Staaten den Weg eines liberalen Internationalismus. Nach 150 Jahren Protektionismus und Gewalt waren die USA zum reichsten und mächtigsten Land der Erde geworden."[343]

Hier nun sollen Kooperationen und die instrumentalisierte Hegemonie der USA mit ihren treuesten Verbündeten beleuchtet werden:
Was die Macht der Vereinten Nationen betrifft, so zeigte sich bereits in den 1960er Jahren, dass es für Beschlüsse oder ein Veto dagegen im Sicherheitsrat wichtig wurde, die USA zur Unterstützung und zum Verbündeten zu gewinnen.[344]

---

342 Vgl. Chomsky, Noam, Profit over People. Neoliberalismus und globale Weltordnung. Hamburg/Wien, 2000, S. 44f.
343 Ebenda, S. 45
344 Vgl. Ebenda, S. 65

Deutlich zeigte sich dies in den Betätigungen der NATO in Europa und der SEATO in Asien.[345]

So schreibt Mallinson in seinen Kommentaren zur britischen Strategie, die sich hauptsachlich auf militärische Inhalte während des Kalten Krieges beziehen, über den Machtkampf zwischen den westlichen und antisowjetischen Interessen der Briten, die, obwohl sie sich nicht mit den amerikanischen deckten, dennoch so stark waren, dass es als eine globale Wichtigkeit erachtet wurde, mit den Amerikanern eng zusammen zu arbeiten, weil sie es nicht für opportun hielten, die USA herauszufordern. „We see a British desire to completely rid itself of any responsibility, but a resentful acceptance that its relationship with the US took priority."[346] So wurde die Periode der Herrschaft Großbritanniens bald abgelöst durch den Aufstieg der USA zur Weltmacht.

Während der großen finanziellen Nöte Großbritanniens unter der Regierung von Premierminister Harold Wilson nach 1964 fand die USA, dass sie den Verbündeten nicht im Stich lassen sollte, „since it would leave Washington more than ever the lone world policeman".[347],[348] Diese Unterstützung darf verwundern; Brzezinski nennt die Vorzüge Großbritanniens: sein Einfluss über das Commonwealth gilt als gewichtig, seine Militärbasen werden geschätzt und in Geheimdienstaktivitäten besteht eine enge Partnerschaft.[349]

Die Auseinandersetzung Großbritanniens mit den Amerikanern bezüglich des Aufstellens eines nuklearen Abwehrsystems, das eine Bedrohung für deren eigenes System darstellte und die hartnäckige Weigerung, britische Truppen nach Vietnam zu entsenden, stellten eine

---

345 Vgl. Sherman, S. 43

346 Mallinson, S. 119

347 O´Malley, Brendan/ Craig, Ian. The Cyprus Conspiracy. America, Espionage and the Turkish Invasion, New York, (1999), S. 122f. in: US State Department Papers 79 203B briefing on visits of Harold Wilson 5-19.10.1965, (points to make to him)

348 Auch Brzezinski sieht die USA in der Rolle eines Weltpolizisten, (Vgl. S. 279) der maßgäblich zur Bannung der Kriegsgefahr in der internationalen Ordnung beitrug. Anmerkung dazu: wie viele Kriege die USA verhindert hat im Vergleich zu wie viele sie im Gegenzug verursacht hat – könnte Thema weiterer Forschungsarbeiten sein.

349 Vgl. Brzezinski, Die einzige Weltmacht, Amerikas Strategie der Vorherrschaft, Weinheim und Berlin, 1997, S. 70

große Belastung der Beziehungen dar. Umso erstaunlicher war das Angebot, als Washington einen Riesenkredit zur Stabilisierung der Wirtschaft anbot, damit Großbritannien seine starke militärische Präsenz weiter aufrecht erhalten konnte.[350]

Bis zum heutigen Tag blieb die besondere Beziehung zwischen diesen beiden Großmächten erhalten, wobei Matzner, wenn er über die Hegemonie der USA schreibt und von tragfähigen Allianzen ausgeht, besonders den wirtschaftlichen Einfluss Großbritanniens beleuchtet. Nach seinem Modell beruht die US-Vorherrschaft auf drei Säulen:
1. auf der militärisch-technologischen,
2. auf der monetär-industriellen und
3. auf der ideologisch-medialen Säule;

nach diesem Modell wäre die USA hauptsächlich über Säule 2 angreif- bzw. steuerbar.[351] Brzezinski zählt ebenfalls diese Säulen auf, er erwähnt noch als 4. Säule die globale politische Einflussnahme.[352] Dazu operiert sie über den IWF und die Weltbank, welche zwar globale Interessen vertreten sollten, jedoch de facto von den USA dominiert werden.[353]

Besonders erwähnenswert, was die monetären Belange bzw. globale Finanzzentren betrifft, ist die spezielle Beziehung zu Großbritannien.[354] Damit ist gemeint, dass dieses Land als EU-Mitglied die Macht hat, zu verhindern, dass das Gewicht der EU gegenüber den USA ausschlaggebend wird. „Würde die EU ihr Gewicht in die Waagschale

---

350 Vgl. ebenda S. 123f. in: Baylis, Anglo-American Defence Relations, pp 154-7

351 Matzners untenstehender Internetartikel (s. Zitat 597) aus 2003 berücksichtigt noch nicht die Weltwirtschaftskrise von 2008. Er erfasste damals als einzigen „Angriffspunkt“ die Wirtschaft und deren mögliche Einflussnahme auf die EU, da eine andere Weltmacht fehlte. Seit 2008 ist die unipolare Position der USA quasi in sich selbst erodiert, die Tendenz zu mehr Multipolarität wird auch im Kapitel 6.21 über China beleuchtet, das nun diese angeschlagene Macht-Säule der USA stützt.

352 Vgl. Brzezinski, Zbigniew, Macht und Moral, Neue Werte für die Weltpolitik, Hamburg 1994 S. 107

353 Vgl. Brzezinski, Zbigniew, Die einzige Weltmacht, Amerikas Strategie der Vorherrschaft, Weinheim und Berlin, 1997 S. 49

354 Vgl. Matzner, Egon, Die Abhängigkeit der Supermacht. Strategien gegenüber dem Hegemon, (2003), http://www.renner-institut.at/download/texte/matzner.pdf, S. 6

werfen, könnte sie zum Beispiel die Stimmenmehrheit innerhalb des IWF gegenüber den USA erlangen und einen *Post-Washington* Consensus durchsetzen, der eine multipolare Welt ermöglichen würde."[355]

Durch die starren Regeln dieses wirtschaftspolitischen Programms, das vor zwei Jahrzehnten von der US-Regierung, dem IWF und der Weltbank festgelegt wurde und das von Regierungen, internationalen Institutionen wie der WTO, der OECD und der EU eingehalten wird, ergeben sich auch negative und schwerwiegende Folgen. So bemerkt Matzner, dass die drastische Liberalisierung der Kapitalzirkulation – dabei wurde kurzfristig Kapital aus der USA und Europa zugeführt – besonders das japanische Bankenwesen und jenes in Südostasien zerstörte.[356]

Ein sehr deutliches Beispiel für das Ausspielen ihrer Weltmachtposition liefert die Betrachtung des geschichtsträchtigen Datums 09/11. Dieser Tag stellt global eine Zäsur dar und war richtungsweisend für die internationale Politik, obwohl es als Anschlag auf die nationale Sicherheit begann.

Der 11. September 2001 stellt den Beginn einer neuen Weltordnung dar, nach diesem Tag beschloss die USA die größte Steigerung ihres Militärbudgets in Friedenszeiten[357], was die asymmetrischen Machtverhältnisse verstärkte, da zwar kurz nach dieser Katastrophe die Allianzbindungsfähigkeit intakt war, aber „die eigenmächtige und erpresserische Weise, in der sie den Krieg gegen den Irak vorbereiteten, hat ihre Allianzfähigkeit sicherlich beeinträchtigt."[358]

Die Visionen und Ziele, die die USA unter der Regierung George W. Bush formulierten, sind die Proklamation einer neuen Weltordnung: „We create a new world"[359] waren Bushs Worte als Startsignal des Irak-Kriegs. Auch in der Zeit seines Vorgängers Bill Clinton gab es eine Debatte, die sich an folgender Denkrichtung orientierte: Die USA soll imstande sein, im Fall des Falles auch mehrere Angreifer in groß geplanten und unterschiedlichen Regionen der Welt zu besiegen. So

---

355 Ebenda, S. 7

356 Vgl. Matzner, Egon, Monopolar World Order, Szombathely, 2000, S. 133-138

357 Vgl. Ebenda, S. 3

358 Ebenda, S. 5

359 Wolf, Winfried, Bombengeschäfte, Hamburg, 1999, S. 117

ist Gewaltanwendung auch außerhalb des Völkerrechts vorstellbar und rechtmäßig.[360]

Gärtner beschreibt den Balanceakt der USA als Hegemonialmacht im Multilateralismus facettenreich; er zitiert Roosevelt, der geraten hatte „to walk softly but carry a big stick" und nennt Afghanistan und Irak als derartige „stick"-Einsätze.[361]

---

[360] Vgl. Ebenda, S. 118f.
[361] Vgl. Gärtner, S. 60

29. Die historischen Kontroversen zwischen der Türkei, den USA und der NATO

Der Konflikt zwischen der Türkei, den USA und den NATO-Partnern hat sich aktuell zugespitzt. Das ist besonders bemerkenswert, da die Türkei nach dem zweiten Weltkrieg der stärkste militärische Partner in der NATO nach den USA sind und bisher als der Vorposten der USA im Nahen Osten galt.

Der Opiumanbau in der Türkei in den 70er-Jahren, die Invasion auf Zypern 1974 sowie der versuchte Militärputsch am 15. Juli 2016, der unter dem Verdacht steht, dass er unter USA-Einfluss vom FETO-Dekret (islamische Terrororganisation unter Fetullah Gülen mit Sitz in Pennsylvania, USA) initiiert wurde, haben die Beziehungen zwischen den NATO-Partnern geschwächt und durch die neuen Ereignisse, die den Waffenhandel zwischen Russland und der Türkei betreffen, noch weiter beschädigt.

MEPI (Middle East Partnership Initiative) wurde von George Bush am 9. Mai 2002 aufgrund der Auflösung der Sowjetunion 1990 gegründet, mit denen die USA im Nahen Osten im Sinne des Weltmachtgedankens ihren Einfluss zementieren wollten. Dabei spielte die Türkei als Vertreter der MEPI die wichtigste Rolle.[362] MEPI scheiterte aufgrund des syrischen Widerstands und der Kurden sowie der Unterstützung durch Russsland.

Schon lange hatte Tayyip Erdogan angekündigt, das russische Raketenabwehrsystem S-400 zu kaufen. Trotz der Kritik seitens der USA wurden die ersten Teile im Juli 2019 geliefert. Dieses Waffenhandelsabkommen mit Russland bedeutet natürlich für die NATO-Partner einen Affront und widerspricht den NATO-Richtlinien. Außerdem besteht für das Pentagon die Gefahr, dass durch das russische System die russischen Militärs Zugriffe auf die geheimen Daten erhalten könnten, besonders die den neuen Kampfjet F35 betreffen. Die USA boten der Türkei ihr Raketenabwehrsystem „Patriot“ an, das jedoch eine Milliarde teurer als das russische System ist und daher abgelehnt wurde. Die Türkei möchte auf alle Fälle an dem Deal festhalten:

„Ankara betont jedoch immer wieder, dass es bei dem Kauf der S-400 kein Zurück gebe. Sanktionen würden der ohnehin angeschlagenen türkischen Wirtschaft schwer zusetzen. Zumal auch die EU am Montag beschließen könnte, Sanktionen gegen Ankara zu verhängen –

---

[362] Vgl. BASKAYA Fikret, S. 251

wenngleich aus einem anderen Grund. Wegen der als illegal erachteten türkischen Erdgas-Erkundungen vor Zypern plant die EU unter anderem, die Verhandlungen über ein Luftverkehrsabkommen einzustellen. Zudem könnten EU-Hilfen gekürzt und die Kreditvergabe durch die Europäische Investitionsbank eingeschränkt werden. Beschlossen werden könnten die Maßnahmen bei einem Treffen der EU-Außenminister in Brüssel."[363]

2018 hatte die Finanzkrise die Beziehungen zwischen der Türkei und den USA stark belastet. Wirtschaftlich hat sich die Türkei seither nicht erholt: die Inflation sowie die Arbeitslosigkeit sind sehr hoch, die türkische Lira hat über 40 % ihres Wertes verloren, die Reserven der Zentralbank, deren Präsident und andere Bürokraten entlassen worden sind, sind fast aufgebraucht.[364] Die Wahlerfolge der sozialdemokratischen Partei CHP in den wichtigsten Metropolen Ankara, Izmir und Istanbul schwächen die islamisch-konservative Regierungspartei AKP und sind auf die Wirtschaftskrise zurückzuführen. In der Bevölkerung eskalieren die Unruhen, die eventuell zu nationalen Neuwahlen führen könnten.

---

363 Frankfurter Allgemeine, UMSTRITTENE RAKETENABWEHR: Amerika droht Türkei mit Sanktionen, 14.07.2019, BRD

364 Der Standard, Türkisch-russicher Rüstungsdeal ist angelaufen, 13./14. Juli 2019, Österreich

30. Zusammenfassung

Die Ergebnisse der Untersuchungen der türkisch-amerikanischen Beziehungen werden im Folgenden zusammengefasst.
Durch die bilateralen Verträge, die zwischen den USA und der Türkei unterzeichnet wurden, wurde die Unabhängigkeitspolitik Atatürks von den USA mit Füßen getreten.
Die US-freundliche Menderes-Regierung „Demokratische Partei" beschloss, an der Korea-Invasion der USA 1950 teilzunehmen, ohne die Zustimmung der Nationalversammlung zu erhalten.

Die Türkei tritt 1952 in die NATO ein. Damit beschleunigte sich die Integration der Türkei in das westliche kapitalistische System.
Die Mitgliedschaft der Türkei in der CENTO spielte eine relevante Rolle bei der Ausdehnung des Nordatlantischen Pakts im Nahen Osten und der Welthegemonie des US-Imperialismus.

Sogenannte „Entwicklungshilfe" fließt erst durch die Truman-Doktrin 1947 in die Türkei. Diese „Entwicklungshilfe" ist kein Geschenk, sondern ein von der Türkei mit hohen Zinsen zurückzuzahlender Kredit. Damit wurde dem US-Kapital Tür und Tor geöffnet.

Die als Sanierung der Türkei bezeichneten IWF-Forderungen verdoppelten die ökonomische Krise; dadurch stieg die Inflationsrate zwischen 1980-1982 auf 200 %, die Lebensbedingungen der Bevölkerung verschlechterten sich mehr und mehr. Die Erfüllung der IWF-Forderungen war ein wichtiger Grundstein für den Militärputsch 1980.

Als das Militär am 12. September 1980 in der Türkei putschte, verfolgte es eine regionale Machtpolitik der Türkei.

Dieses Datum bedeutet aber auch eine Umgestaltung der türkischen Innen- bzw. Wirtschaftspolitik. Der dafür beauftragte „Architekt“ war Turgut Özal, dem die USA höchste Loyalität bescheinigten, welcher die neoliberale Politik mit einer pro-amerikanischen Ausrichtung gestaltete, inklusive dem Verbot von Gewerkschaften und der Privatisierung von Staatsbetrieben. Das strategische amerikanische Waffendepot in der Türkei war damit weiter abgesichert.

NATO-Generäle wie der niederländische General a.D. Meyenfeldt, der britische Brigadegeneral a.D. Harbottle, der französische Admiral a.D. Sanguinetti und der griechische General Koumanakos kommentierten die Machenschaften der USA kritisch: Die USA waren hauptsächlich darauf aus, ihre Interessen zu wahren, das heißt ihre Weltmachtstellung zu sichern und der amerikanischen Rüstungslobby zu frönen, alles unter dem Vorwand, das Machtgleichgewicht zu stabilisieren.

Der türkische Arbeitergewerkschaftsbund „Türk-Is“ wurde von den USA und vom CIA unterstützt, indem sie zahlreiche „Türk-Is“ Funktionäre in den USA ausbilden ließen. „Türk-Is“ hielt die Verbindungen mit dem CIA und faschistischen Organisationen aufrecht, um die Arbeiterbewegung zu spalten.

Gegen „Türk-Is“ und die Verschlechterungen der Arbeits- und Lebensbedingungen der Arbeiter führte der revolutionäre Gewerkschaftsbund „DISK“ einen ökonomischen Kampf. Im Unterschied zu „Türk-Is“ endeten ihre Tarifverhandlungen mit Streiks.
Die in der Türkei begründete „Konter-Guerilla“ verschmolz mit dem türkischen Geheimdienst „MIT“ und dem CIA. Sie führten Überfälle, Angriffe und Attentate gegen progressive Kräfte und die Arbeiterbewegung im Interesse der Bourgeoisie durch, dabei wurden zahlreiche Menschen ermordet.

Die Militärausgaben der Türkei betrugen nach dem NATO-Beitritt rund 30 % des Budgets. Die Rüstungsausgaben der Türkei sind pro Kopf fünfmal so groß wie die Ausgaben für die Gesundheit. Diese Rüstungsausgaben entsprachen nicht so sehr dem nationalen Rüstungsbedürfnis des Landes, sondern vielmehr den NATO-Aufgaben.

Die USA bemühten sich, die Republik Zypern zum NATO-Beitritt zu zwingen, um die Südostflanke der NATO zu verstärken. Da Präsident Makarios eine neutralistische Politik betrieb und diese der Nahostpolitik der USA nicht entsprach, wurde er von der CIA, der griechischen Junta und der rechtsradikalen Organisation (EOKA-B) gestürzt. Der Verdacht an der Teilnahme von Massakern an den Zyperntürken und die Bestrebungen um den Anschluss Zyperns an Griechenland hatten 1974 die türkische Invasion auf Zypern herbeigeführt, was dem bilateralen Abkommen widersprach.

Die Hauptinteressen der USA sind einerseits ihre strategische Position am Mittelmeer sowie die Kontrolle des Nahen Ostens, andererseits die

Eindämmung der sowjetischen Expansion in diesem Territorium durch das Bündnis mit der Türkei und Griechenland.

Aufgrund der Zypern-Invasion verschlechterten sich die türkisch-amerikanischen Beziehungen. Der US-Senat verfügte gegenüber der Türkei ein Waffenembargo, da die Türkei das bilaterale Abkommen verletzt hatte. Dagegen beschloss die Ecevit-Regierung die Übernahme und die Kontrolle der US-Stützpunkte. In der Periode der Nationalfrontregierung (MC) wurden die US-Stützpunkte wieder unter amerikanische Aufsicht gestellt.

Die Türkei ist aufgrund ihrer geostrategischen Lage ein wichtiger militärischer Verbündeter der NATO im Nahen Osten geworden. Die USA und die NATO unterhalten über 100 Militärbasen in der Türkei, sodass die Türkei zu einem Vorposten des US-Imperialismus wurde.

Nach der Invasion der Türkei auf Zypern wurde ein Waffenembargo gegen die Türkei verhängt, wobei die Invasion nur als Vorwand diente: Es war eine Maßnahme gegen den Linksruck und die demokratische Entwicklung in der Türkei. Daraufhin wurden die NATO-Stützpunkte in der Türkei kurzfristig bis 1978 geschlossen. Die Krise zwischen den USA und der Türkei wurde beendet, als die faschistische Nationalfrontregierung unter Demirel die Macht in der Türkei übernahm.

Nach den Anschlägen vom 11. September 2001 und den kostspieligen militärischen Desastern in Afghanistan und im Irak stiegen die Sicherheitsansprüche der USA. Die Rolle der UNO als institutioneller Arm der USA kann anhand ihrer auf die Türkei bezogenen Aktionen konstatiert werden.

Im Rahmen der NATO wurde zwischen der Türkei und Griechenland ein Abkommen über die Benutzung der Stützpunkte und über die Seeflotte unterzeichnet. Die beiden NATO-Partner verpflichten sich im Angriffs- und Kriegsfall zur gemeinsamen Verteidigung. Jährlich finden systematische NATO-Manöver in Griechenland und in der Türkei statt.

Nach dem von den USA unterstützten Militärputsch am 11. September 1980 zerbrach das demokratische System. Die Menschenrechte wurden mit Füßen getreten, eine Wirtschaftskrise war die Folge und der imperialistische Neoliberalismus konnte Fuß fassen. Das türkische Volk fühlte sich vom Kapitalismus ausgenützt und die Stimmung wurde unter der von den USA unterstützten islamischen Regierung AKP immer schlechter.

Schließlich kam es zu einem Aufstand junger aufgeklärter Menschen im Gezi-Park in Istambul, der sich auf die gesamte Türkei ausbreitete. Viele Menschen wurden im Zuge dieser Proteste getötet und tausende verhaftet.

31. Chronologie der türkischen Republik mit einem Schwerpunkt auf die türkisch-amerikanischen Beziehungen

1918 Die Unterzeichnung des Waffenstillstands von Mudros am 30. Oktober beendet für das Osmanische Reich den Ersten Weltkrieg und besiegelt seine Niederlage

1919 Griechische Truppen besetzen die Ägäisküste um Izmir.

Auf den Kongressen von Erzurum und Sivas wird der „Nationalpakt", das Grunddokument des nationalen Widerstandes gegen die europäischen Siegermächte, verabschiedet.

1920 Am 23. April tritt in Ankara die Große Nationalversammlung der Türkei zusammen; Mustafa Kemal wird ihr erster Vorsitzender.

Am 10. August wird im Friedensvertrag von Sèvres die Aufteilung Anatoliens unter die alliierten Siegermächte beschlossen.

1922 Sieg der türkischen Armee über die griechischen Invasionstruppen.

1923 Am 24. Juli wird der Vertrag von Lausanne unterzeichnet; er revidiert den Vertrag von Sèvres und bringt die internationale Anerkennung der Türkei.

Am 9. September wird die Volkspartei gegründet, die 1924 in Republikanische Volkspartei (CHP) umbenannt wird; ihr Vorsitzender ist bis zu seinem Tode 1938 Mustafa Kemal.

Am 29. Oktober wird im Parlament in Ankara die Republik Türkei ausgerufen; Mustafa Kemal wird ihr erster Präsident.

1924 Die erste Verfassung der Republik wird am 20. April verabschiedet; das Kalifat wird abgeschafft und die osmanische Herrscherfamilie für alle Zeiten aus der Türkei verbannt.

1925-1929 Kemalistische „Kulturrevolution" durch Verbot religiöser Orden, Hutgesetz, Kalenderreform (1925); Abschaffung des islamischen Rechts und Übernahme europäischer Gesetze (1926); Abschaffung des Islam als Staatsreligion sowie Sprachreform (1928); Abschaffung des Religionsunterrichts (1929).

1931 Im Aufruf zu den Parlamentswahlen bezeichnet Mustafa Kemal seine Republikanische Volkspartei (CHP) als republikanisch, nationalistisch, volksverbunden, etatistisch, laizistisch und revolutionär (die sechs „kemalistischen Prinzipien“).

1934 Gesetz über die Einführung von Familiennamen; Mustafa Kemal erhält den Namen Atatürk (Vater der Türken).

1936 In der Konvention von Montreux erhält die Türkei die volle Souveränität über die Meerengen (Dardanellen, Bosporus). Sie garantiert die freie Durchfahrt in Friedenszeiten.

1938 Am 10. November stirbt Atatürk im Dolmabahce-Palast in Istanbul; Ismet Inönü wird sein Nachfolger als Parteivorsitzender und Präsident.

1939-1945 Inönü gelingt es durch eine geschickte Schaukelpolitik gegenüber den Kriegsparteien, die Türkei aus dem Zweiten Weltkrieg herauszuhalten. Erst 1945 wird auf Drängen der westlichen Alliierten dem Deutschen Reich der Krieg erklärt; die Türkei wird daraufhin Gründungsmitglied der Vereinten Nationen.

1947 Die Türkei erhält unter der Truman-Doktrin westliche Aufbauhilfe und gliedert sich in das westliche Bündnissystem gegen die Sowjetunion ein.

1948 Abkommen über wirtschaftliche Zusammenarbeit mit den USA im Rahmen des Marschall-Plans.

1949 Die Türkei wird Mitglied des Europarates.

1950 Die 1946 gegründete Demokratische Partei (DP) von Adnan Menderes gewinnt die Parlamentswahlen mit absoluter Mehrheit; Ende der Einparteienherrschaft der CHP; Inönü wird Oppositionsführer.

1950 Die Teilnahme der Türkei am Koreakrieg. Entsendung einer 4.500 Mann starken Truppe nach Korea zur Unterstützung der US-Intervention.

1952 Aufnahme in die NATO

1950-1960 Die DP konsolidiert in den Wahlen von 1954 und 1957 ihre Vormachtstellung; die Eingliederung in den Westen wird 1952 mit dem Beitritt zur NATO und 1959 mit dem Antrag auf Assozierung an die EWG vertieft; 19 55 kommt es im Zuge der ersten Zypernkriese in Istanbul zu gewalttätigen Ausschreitungen gegen Griechen, die zu einem erneuten griechischen Exodus aus der Türkei führen; eine dramatische Verschlechterung der Wirtschaftslage und die zunehmende Unterdrückung kritischer Kräfte durch die DP-Regierung schüren gegen Ende des Jahrzehnts eine politische Misstimmung im Land.

1954 Ein geheimes Militärabkommen zwischen der Türkei und den USA wird unterzeichnet.

1954 Auseinandersetzung der NATO-Partner Türkei und Griechenland um Zypern.

1954 Beitritt der Türkei in den Cento-Pakt.

1957 Ein türkisch-amerikanisches Abkommen wird unterzeichnet, wonach die Türkei den Gewinntransfer und die Politik amerikanischer privater Investitionen in der Türkei garantiert.

1958 Türkei billigt die US-Intervention im Libanon. Die USA benutzen US-Basen in Adana für die Intervention.

1959 Die Türkei und die USA unterzeichnen ein Verteidigungsabkommen, Stationierung amerikanischer Atomraketen in der Türkei.

1960 Aufschwung der Streikbewegungen der Arbeiter und Studentendemonstrationen anlässlich der NATO-Ratstagung in Ankara.

1960 Staatsstreich des Militärs, „Offizierskomitee für nationale Einheit". Sturz der regierenden Demokratischen Partei (Bayar und Menderes). Hinrichtung der Menderes-Clique und Verbot der Demokratischen Partei (DP).

1960 US-Pilot Garry Power wird mit seinem Spionageflugzeug U2 über der UdSSR abgeschossen. Das Flugzeug startete in der USA-Basis Incirlik bei Adana

1960 Am 27. Mai putschen Obristen der türkischen Armee gegen die Regierung und bilden unter General Cemal Gürsel eine Militärregierung. Menderes und zwei seiner Minister werden in einem Schauprozess zum Tode verurteilt; Staatspräsident Celâl Bayar, ein früherer Mitstreiter Atatürks, wird aufgrund seines hohen Alters begnadigt.

1961 Beginn der „zweiten Republik" durch die Verabschiedung einer neuen Verfassung am 9. Juli. Mit einem neuen Wahlgesetz (Verhältniswahlrecht) und neuen Institutionen (Verfassungsgericht, Hoher Richter- und Staatsanwälterat, Planungsbehörde) bringt sie einerseits eine Stärkung liberaler Demokratie, andererseits institutionalisiert sie durch die Schaffung des Nationalen Sicherheitsrates als Verfassungsorgan die Rolle der Streitkräfte.

1961-1971 Herausbildung eines pluralistischen Politik- und Parteienspektrums. Die als Nachfolgerin der DP im Februar 1961 gegründete Gerechtigkeitspartei (AP) unter Süleyman Demirel und die CHP unter Inönü sind die stärksten Gruppierungen im Mitte-Rechts- bzw. Mitte-Links-Lager. Mit der Partei der nationalistischen Bewegung (MHP) unter Führung von Alparslan Türkes und der Partei der Nationalen Ordnung (MNP) unter Necmettin Erbakan entstehen 1969 bzw. 1970 zwei Parteien, die nationaltürkische und islamistische Gruppierungen repräsentieren. Die politische Pluralisierung verhindert stabile Regierungen und fördert politischen Radikalismus auf dem rechten und linken Flügel, in den Gewerkschaften und in der Studentenschaft.

1962 Abkommen, wonach Ankara einen Kredit in Höhe von 31 Millionen Tl erhalten wird.

1963 Ein Abkommen wird unterzeichnet, wonach die Türkei einen Kredit in Höhe von 917 Millionen TL erhält.

1963/64 Scheitern der 1960 auf internationalen Konferenzen in Zürich und London als griechisch-türkischer Gemeinschaftsstaat gegründeten Republik Zypern. Beginn der faktischen Teilung in griechisch bzw. türkisch besiedelte Dörfer und Städte; Stationierung der VN-Friedenstruppe UNFICYP zur Wahrung der öffentlichen Ordnung.

1963 Am 12. September wird in Ankara das Assoziationsabkommen mit der EWG unterzeichnet; es tritt am 1. Dezember 1964 in Kraft.

1964 Der Zypernkonflikt bricht erneut aus. Massendemonstrationen gegen die USA wegen Zypern.

1966 Die Türkei verlangt die Revision der bilateralen Abkommen mit den USA.

1967 Die Türkei erklärt, dass US-Basen nicht zum Einsatz gegen die Araber benutzt werden dürfen.

1969 Das Auto des amerikanischen Botschafters in Ankara wird verbrannt. Er wird beschuldigt, CIA-Agent zu sein.

1969 Wahlsieg der Gerechtigkeitspartei unter S. Demirel (Nachfolger von A. Menderes)

1969 Neues Verteidigungsabkommen mit den USA, wonach die Türken Mitbestimmung bei der Benutzung der Militärbasen verlangen.

1971 Der US-Kongress zwingt die Türkei, den Opiumanbau zu verbieten.

1971 Ein Memorandum der Militärführung als Reaktion auf die zunehmende Handlungsunfähigkeit der AP-Regierung von Demirel bei wachsenden politischen Unruhen erzwingt dessen Rücktritt. Es folgt eine Reihe von überparteilichen Regierungen unter der Führung von „Experten" und am 20. September eine Verfassungsänderung, mit der „liberale Auswüchse" der Verfassung von 1961 beseitigt werden sollen.

1971 Sturz der Regierung Demirels durch die türkischen NATO-Generäle. Bildung der Regierung Krim. Beginn einer zweieinhalb Jahre andauernden Terror- und Unterdrückungswelle.

1974-1980 In rascher Folge wechselnde Koalitionsregierungen unter der Führung des neuen CHP-Vorsitzenden Bülent Ecevit bzw. des AP-Chefs Demirel. Sie alle sind auf die Unterstützung entweder der islamistischen Nationalen Heilspartei (MSP, Nachfolgerin der verbotenen MNP) unter Erbakan oder auf die MHP von Türkes angewiesen. Infolgedessen geht die Radikalisierung des öffentlichen Lebens weiter. Gewaltsame Auseinandersetzungen zwischen Linksextremisten und radikalen rechten (MHP-)Kräften nehmen Ende der 1970er-Jahre in einigen Gebieten der Türkei bürgerkriegsähnliche Zustände an und fordern zahlreiche Todesopfer. Die Wirtschaftslage verschlechtert sich rapide, und das Land steht ab 1979 vor dem Staatsbankrott, der nur durch eine internationale Hilfsaktion im Rahmen der OECD abgewendet werden kann.

1974 Im Juli/August besetzen türkische Truppen den Norden Zyperns; die endgültige Teilung der Insel nimmt ihren Anfang; griechische Zyprer werden aus dem Norden, türkische Zyprer aus dem Süden vertrieben. 1975 proklamieren die türkischen Zyprer im Norden einen eigenen Staat, der 1983 in Türkische Republik Nordzypern umbenannt und nur von der Türkei anerkannt wird.

1975 Der US-Kongress verhängt ein Waffenembargo gegen die Türkei.

1975 Die Türkei sperrt die US-Basen für die Amerikaner.

1975 Der US-Kongress genehmigt die Verschiffung von Waffen in Höhe von 185 Millionen Dollar.
Die Türkei muss diesmal die Waffen selbst bezahlen.

1976 Die Türkei kauft in den USA Waffen im Wert von 125 Millionen Dollar.

1976 Die USA und die Türkei unterzeichnen ein neues Verteidigungsabkommen und die Türkei erhält von den USA in den nächsten vier Jahren 166 Millionen Dollar Unterstützungskredite.

1977 Die USA gewähren der Türkei weitere 200 Millionen Dollar Kredite.

1977 Die USA und die Türkei verhandeln über die Aufhebung des Waffenembargos und über wirtschaftliche Hilfe für die Türkei.

1977 Das US-Waffenembargo wird aufgehoben.

1977 Sturz der Demirelregierung durch die türkischen NATO-Generäle.

1978 Gründung der Arbeiterpartei Kurdistans (PKK) als marxistische kurdische Untergrundorganisation unter Führung von Abdullah Öcalan; Hauptziel ist die Errichtung eines unabhängigen, marxistisch-leninistischen kurdischen Staates durch den Kampf gegen das kurdische Feudalsystem und seine Repräsentanten in der Türkei; vor der Verfolgung durch türkische Sicherheitskräfte flieht ihre Führung in den Libanon und nach Syrien und entgeht so den Folgen des Militärputsches.
Bei gewaltsamen Übergriffen rechtsradikaler Sunniten auf Aleviten in Kahramanmaras kommen am 24. Dezember 117 Menschen ums Leben; am 26. Dezember wird daraufhin von der Regierung über 13 Provinzen der Ausnahmezustand verhängt.

1980 Am 12. September putschen die Streitkräfte unter Führung des Generalstabschefs Kenan Evren, lösen im Oktober 1981 alle Parteien auf und belegen zahlreiche Politiker mit einem Politikverbot. Im ganzen Land wird das Kriegsrecht verhängt. Der Nationale Sicherheitsrat, der aus den Chefs der Streitkräfte besteht, setzt eine Übergangsregierung unter Admiral i.R. Bülent Ulusu ein und bereitet eine neue Verfassung vor. Gleichzeitig werden zahlreiche Politiker, Journalisten und Intellektuelle, die des Links- oder Rechtsextremismus bezichtigt werden, verhaftet und zu teils längeren Freiheitsstrafen verurteilt. Viele Personen aus diesen Kreisen fliehen ins Ausland.

1980 IWF und OECD-Staaten erklären sich bereit, 195.000.000 Dollar Kredite an die Türkei zu überweisen.

1980 Ein neues Abkommen über die Benutzung der US-Basen in der Türkei wird abgeschlossen, wonach ausschließlich über die Basen bestimmen können.

1982 Verabschiedung einer neuen, maßgeblich von der Militärjunta beeinflussten Verfassung, auf deren Grundlage politische Ordnung und Stabilität wiederhergestellt werden sollen. Geprägt ist sie von dem Gedanken, die Republik vor dem negativen Einfluss demokratischer Freiheiten zu schützen. Kenan Evren wird für sieben Jahre zum Staatspräsidenten gewählt.

1983 Mit den Parlamentswahlen vom 6. November erfolgt die Rückkehr zur zivilen Demokratie. Die absolute Mehrheit der Parlamentssitze gewinnt mit der Mutterlandspartei (AnaP) von Turgut Özal eine Partei, die in Opposition zu den Vorstellungen der Militärführung gegründet wurde und in sich bürgerlich-liberale und gemäßigt islamische Gruppierungen vereinigt. Neben einer vorsichtigen Demokratisierung verfolgt sie vor allem einen radikalen wirtschaftspolitischen Wandel durch eine weitgehende Öffnung der türkischen Wirtschaft zum Weltmarkt.

1984 Die AnaP gewinnt am 25. März die Kommunalwahlen. Zu diesen Wahlen zugelassen sind erstmals auch die Partei des rechten Weges (DYP), die sich als Nachfolgerin der AP versteht, und die Sozialdemokratische Partei (SoDeP), die von ehemaligen CHP-Politikern unter Führung von Erdal Inönü, dem Sohn Ismet Inönüs, gegründet wurde.

Im August beginnt die PKK durch Überfälle auf zwei Militärstationen im Südosten der Türkei ihren seitdem andauernden Kampf gegen den türkischen Staat, der in den 1990er-Jahren vorübergehend Formen eines „Bürgerkriegs auf niedrigem Niveau" annimmt.

1985 Das Kriegsrecht wird auf 17, meist im Südosten gelegene Provinzen beschränkt; in zwölf weiteren gilt ein Ausnahmerecht.

Im November gründet Rahsan Ecevit stellvertretend für ihren noch mit einem Politikverbot belegten Ehemann die Demokratische Linkspartei (DSP) als Konkurrenz zur SoDeP, die inzwischen in Sozialdemokratische Volkspartei (SHP) umgetauft wurde.

1987 Im Januar tritt ein Kopftuchverbot für Studentinnen in Kraft.

Im April beantragt die Regierung Özal den Beitritt der Türkei zur Europäischen Gemeinschaft (EG).

Im Juli wird in der ganzen Türkei das Kriegsrecht abgeschafft, doch bleibt in den Südostprovinzen das Ausnahmerecht in Kraft, für dessen Durchsetzung sogenannte Regionalgouverneure eingesetzt werden.

Im September wird in einer Volksabstimmung das Politikverbot für die „Altpolitiker" aufgehoben; Demirel, Ecevit, Erbakan und Türkes übernehmen wieder den Vorsitz ihrer jeweiligen Parteien.

1989 Im Oktober wählt das Parlament Turgut Özal zum neuen Staatspräsidenten; Ministerpräsident und Vorsitzender der AnaP wird Yildirim Akbulut.

1990 Im Februar legt die EG den türkischen Beitrittsantrag für unbestimmte Zeit auf Eis.

Im Herbst stellt Präsident Özal die Türkei ohne Einschränkungen an die Seite der Alliierten im Kampf gegen den irakischen Diktator Saddam Hussein und provoziert damit den Rücktritt des Verteidigungs- und des Außenministers sowie des Generalstabschefs.

1991 Demirels DYP gewinnt im Oktober die Parlamentswahlen und bildet eine Koalitionsregierung mit der SHP; Beginn einer bis 2002 andauernden Periode von kurzlebigen und ineffektiven Koalitionen.

1993 Im April stirbt überraschend Präsident Özal; Demirel wird neuer Staatspräsident und Tansu Çiller übernimmt die Führung der DYP und als erste Frau in der Geschichte der Republik das Amt des Ministerpräsidenten.

Ab dem Frühjahr verschärft das türkische Militär seinen Kampf gegen die PKK. In den folgenden Jahren kommt es immer wieder auch zu Militäroperationen im nordirakischen Kurdengebiet, das der PKK zunehmend als Rückzugsraum dient.

1994 Eine schwere Währungskrise und das anschließende Sparpaket der Regierung führen zu einer starken Rezession.

Im März gewinnt die islamistische Wohlfahrtspartei (RP) von Erbakan bei den Kommunalwahlen die Metropolen Istanbul und Ankara.

1995 Bei vorgezogenen Neuwahlen im Dezember wird die RP mit 21,4 Prozent der Stimmen stärkste Partei.

1996 Am 1. Januar tritt die Zollunion mit der EU in Kraft. Nach dem Scheitern einer AnaP-DYP-Koalition bildet Tansu Çiller mit der RP eine Koalition; Necmettin Erbakan wird Regierungschef.

1997 Am 28. Februar beschließt der Nationale Sicherheitsrat ein Paket, das die Regierung zur Eindämmung islamistischer Umtriebe zwingen soll. Es wird von Erbakan jedoch weitgehend ignoriert. Im Juni stürzt die RP-DYP-Regierung nach Massenaustritten von DYP-Abgeordneten. Mesut Yilmaz führt eine „laizistische" AnaP-DSP-DTP-Koalition, um das Paket vom 28. Februar umzusetzen.

1998 Verbot der RP durch das Verfassungsgericht; als Nachfolgerin tritt die Tugendpartei (FP) mit Recai Kutan, einem Statthalter Erbakans, als Vorsitzendem an.

Im Oktober wird PKK-Führer Öcalan durch militärisch untermauerten Druck der Türkei auf die syrische Regierung zum Verlassen von Damaskus gezwungen und beginnt eine Odyssee durch verschiedene Länder. Sie endet im Februar 1999, als er beim Verlassen der griechischen Botschaft in Nairobi von türkischen Spezialeinheiten verhaftet wird.

1999 Die DSP wird bei Neuwahlen stärkste Partei, und Ecevit bildet mit der ANAP und der MHP eine Koalitionsregierung.

Am 29. Juni wird Abdullah Öcalan vom Staatssicherheitsgericht in Ankara zum Tode verurteilt. Das Urteil wird wegen Bedenken der EU nicht vollstreckt und 2002 nach der Abschaffung der Todesstrafe in eine lebenslange Haftstrafe, ohne die Möglichkeit einer Begnadigung, umgewandelt.

Im August erschüttert ein schweres Erdbeben die Region Izmit am Marmarameer. Die Naturkatastrophe löst eine Welle spontaner Hilfsbereitschaft in Griechenland aus; danach kommt es zu einer deutlichen Entspannung im bilateralen Verhältnis.

Im Dezember erklärt die EU die Türkei offiziell zur Beitrittskandidatin, mit der Verhandlungen über eine Mitgliedschaft beginnen könnten, wenn die dafür notwendigen Voraussetzungen erfüllt seien.

2000 Weil sich die Koalition nicht auf einen Kandidaten aus ihren Reihen einigen kann, wird im Mai der ehemalige Präsident des Verfassungsgerichts Ahmet Necdet Sezer zum Staatspräsidenten gewählt; er profiliert sich nach den Wahlen von 2002 als der stärkste institutionelle Gegenspieler der AKP-Regierung; häufig lehnt er Kandidaten ab, die von der Partei für Ministerposten vorgeschlagen werden.

2001 Schwere Finanzkrise, die nur mit Hilfe eines umfassenden Beistandsprogramms des Internationalen Währungsfonds (IWF) unter der Führung des ehemaligen Weltbank-Vizepräsidenten Kemal Dervis überwunden werden kann. Dervis bringt ein auf weitreichende wirtschaftliche Stukturreformen zielendes Programm mit dem Titel „Für eine starke türkische Wirtschaft“ auf den Weg. Unter den Folgen der Rezession leiden weite Teile der Bevölkerung.

Im Oktober werden 24 Artikel der Verfassung von 1982 liberalisiert; der Spielraum für freie Meinungsäußerung und politische Betätigung wird erweitert. Außerdem wird das türkische Zivilgesetzbuch weitgehend an europäische Standards angepasst, was zu einer deutlichen Verbesserung der Rechtsstellung der Frauen führt.

2002 Auf seiner letzten Sitzung vor der vorgezogenen Auflösung beschließt das Parlament Anfang August ein liberalisierendes Reformpaket, mit dem unter anderem die Todesstrafe abgeschafft und der Gebrauch der kurdischen Sprache legalisiert wird.

Bei den Parlamentswahlen am 3. November wird die Partei für Gerechtigkeit und Entwicklung (AKP), die erst 2001 neben der islamistischen Partei der Glückseligkeit (SP) aus der verbotenen Tugendpartei hervorgegangen war, überlegene Siegerin. Neben ihr kann nur noch die

CHP unter Führung von Deniz Baykal die Zehnprozenthürde überwinden. Der Parteivorsitzende Recep Tayyip Erdogan übernimmt im März 2003 das Amt des Ministerpräsidenten.

2003-2005 Die AKP-Regierung verabschiedet eine Reihe von liberalisierenden Reformpaketen, mit denen die Bedingungen der EU für den Beginn der Beitrittsverhandlungen erfüllt werden sollen. Dazu gehört auch die Verabschiedung eines neuen Strafrechts. Die andauernde Umsetzung des Wirtschaftsreformprogramms von 2001 führt zusammen mit der positiven weltwirtschaftlichen Entwicklung zu einer deutlichen Verbesserung der Wirtschaftslage.

2003 Nach längeren Verhandlungen verweigert die Türkei im März den USA die Erlaubnis, im Krieg gegen das irakische Regime von Saddam Hussein Truppen durch den türkischen Südosten in den Nordirak zu bringen. Die türkisch-amerikanischen Beziehungen werden dadurch erheblich belastet. Ankara wird nach der Niederlage Saddams von den unter US-Führung stattfindenden Bemühungen um einen politischen Neuaufbau des Nachbarlandes ausgeschlossen und muss hinnehmen, dass sich im Nordirak ein weitgehend autonomes kurdisches Staatswesen unter amerikanischem Protektorat entwickelt.

2004 Am 24. April scheitert der Annan-Plan zur Lösung des Zypernproblems in einer Volksabstimmung an der griechisch-zyprischen Ablehnung; Zypern wird dennoch als geteilte Insel am 1. Mai Mitglied der EU.
Im Dezember beschließt der Europäische Rat in Brüssel den Beginn von Beitrittsverhandlungen mit der Türkei ab Oktober 2005.

2005 Aufflammen nationalistischer Unruhen in der Türkei, die sich gegen Kurden und andere „Feinde der Republik" richten. Die AKP-Regierung hält sich stark zurück. In der Folgezeit kommt es zu spektakulären Prozessen gegen den späteren Literatur-Nobelpreisträger Orhan Pamuk und den türkisch-armenischen Journalisten Hrant Dink wegen „Verunglimpfung des Türkentums". Im nationalistisch aufgeheizten öffentlichen Klima fällt Dink am 7. Januar 2007 einem Mordanschlag zum Opfer.

2007 Im Juni findet die Polizei bei einer Hausdurchsuchung im Istanbuler Stadtteil Ümraniye Handgranaten und Sprengstoff, die nationalistischen Kreisen zugeordnet werden. Dies ist der Beginn weiterer Untersuchungen und eines seit Juli 2008 laufenden Strafverfahrens gegen eine nationalistische Gruppe namens „Ergenekon", der Aktivitäten zum Sturz der AKP-Regierung vorgeworfen werden.

Im Frühjahr organisieren ultra-kemalistische Organisationen in verschiedenen türkischen Großstädten Massenproteste gegen die AKP-Regierung, der die Abschaffung des Laizismus unterstellt wird.

Am 27. April droht der Generalstab in einer auf seiner Internetseite veröffentlichten Erklärung mit „Maßnahmen" für den Fall, dass AKP-Außenminister Abdullah Gül zum Staatspräsidenten gewählt wird. Anfang Mai verhindert das Verfassungsgericht die Wahl mit einem formalen Argument. Nach dem großen Erfolg der AKP bei den vorgezogenen Neuwahlen am 22. Juli wird Gül dann am 28. August im Parlament mit der erforderlichen Mehrheit zum ersten nicht-kemalistischen Staatspräsidenten der Republik gewählt.

In einer Volksabstimmung wird am 21. Oktober die Wahl des Staatspräsidenten neu geregelt: Künftig wird er für fünf Jahre vom Volk direkt gewählt, eine einmalige Wiederwahl ist möglich.

2008 Die AKP wird am 30. Juli in einem Verbotsverfahren vor dem Verfassungsgericht als „Zentrum anti-laizistischer Bestrebungen" gekennzeichnet. Ein Verbot scheitert jedoch knapp am Fehlen der dafür notwendigen Stimmenmehrheit der Verfassungsrichter.

2009 Am 1. Mai wird Ahmet Davutoglu, bisheriger außenpolitischer Chefberater des Ministerpräsidenten, zum Außenminister ernannt. Damit erhält der Architekt der „neuen AKP-Außenpolitik" die Chance, seine Vorstellungen von einer Politik der „Strategischen Tiefe", in der es „Null Probleme mit Nachbarn" geben soll, in die Praxis umzusetzen. Die Türkei entwickelt in der Folge verstärkte außenpolitische Aktivitäten in ihrer nah-/mittelöstlichen und kaspischen Nachbarschaft sowie in der Schwarzmeer-Region und auf dem Balkan. Die traditionellen Bindungen zu den USA und der EU werden aufrechterhalten, büßen aber ihre absolute Priorität ein.

2010 Deniz Baykal tritt nach einem Sex-Skandal als Vorsitzender der CHP zurück. Neuer Vorsitzender wird Kemal Kiliçdaroglu, der die Partei von dem Ruf befreien will, aus Prinzip eine verbohrte, orthodox-kemalistische Oppositionshaltung zu betreiben.

Am 12. September nehmen die Türken in einem Referendum mit 57,9 Prozent der Stimmen die bislang weitestgehende Änderung der Verfassung von 1982 an; sie bringt neben einer weiteren Beschneidung der Rolle des Militärs eine Justizreform, die auch die Zusammensetzung des Verfassungsgerichts umfasst, eine Ausweitung der Gewerkschaftsrechte, die Einrichtung eines Ombudsmanns und die Aufhebung der strafrechtlichen Immunität der Mitglieder der Militärjunta von 1980.

2011 Die AKP legt bei den Parlamentswahlen am 22. Juli zum dritten Mal in Folge zu und wird mit 49,9 Prozent der Stimmen stärkste Partei vor der CHP (25,9) und der MHP (12,9). Die Regierung Erdogan unternimmt mit Beginn der neuen Parlamentsperiode am 1. Oktober einen erneuten Versuch, die Verfassung von 1982 durch einen völlig neuen Text zu ersetzen, der von einer Kommission der im Parlament vertretenen Parteien ausgearbeitet werden soll.

2012 Im EU-Jahresbericht hieß es zur Lage in der Türkei: „In Hinsicht auf die Grundrechte gibt es keinerlei Fortschritt. Die zunehmende Verletzung der Meinungsfreiheit gibt Grund zur Sorge, und auch die Freiheit der Medien ist in der Praxis weiter beschränkt worden". Auch beanstandet der EU-Bericht den Schutz gewalttätiger Polizisten und den Missbrauch von Gesetzen durch Gerichte in Sachen Terrorismus, so wie organisierter Kriminalität.

2013 begannen Proteste gegen die türkische Regierung. Diese wurden von der Regierung gewaltsam niedergeschlagen. Amnesty International dokumentierte Polizeigewalt, sowie sexuelle Übergriffe von Polizisten auf Demonstrantinnen.

2013 und Anfang 2014 kam es zu einem großen Korruptionsskandal in der Türkei.

2016 Am 15. Juli, kam es zu einem Putschversuch von Teilen des Militärs, in dessen Verlauf rund 250 Menschen starben. Dieser konnte innerhalb weniger Stunden niedergeschlagen werden. In den folgenden Tagen nutzte Präsident Erdoğan die aufgewühlte Stimmung zu einem offenbar bereits vorbereiteten Gegenputsch in dessen Zuge mehr als 15.000 Personen verhaftet und mehr als 70.000 Personen aus dem Staatsapparat (Richter, Staatsanwälte, Gouverneur, Polizisten) und der akademischen Welt (Lehrer und Dozenten) entlassen wurden. Die Verfolgung und Verhaftung AKP-kritischer und unabhängiger Journalisten wurde weiter verstärkt. Darüber hinaus wurden 15 Universitäten, 35 Krankenhäuser, 104 Stiftungen, 1125 NGOs und 19 Gewerkschaften geschlossen oder verboten.

Allen wird vorgeworfen in Verbindung mit dem islamischen Prediger und Erdogans ehemaligem Weggefährten Fethullah Gülen zu stehen. Erdogan selber spricht von „Säuberungen“ und fordert, die Todesstrafe (auch rückwirkend) einzuführen, um die „Putschisten“ nicht „jahrelang durchfüttern“ zu müssen.[365], [366], [367]

2016 Türkische Militärs fallen in Syrien ein. Es kommt zu Zusammenstößen mit kurdischen Kräften. Die USA, die sich zur Eroberung der IS-Hochburg vorbereiten, sind besorgt.

Im Sommer kommt es in der Türkei zu einem Staatsstreich, mit dem Ziel, Erdogan zu stürzen. Erdogan beschuldige den im amerikanischen Exil lebenden islamischen Prediger Fetullah Gülen den Militärstreich angezettelt zu haben und verlangt dessen Auslieferung. Die USA kommen dem Ansinnen nicht nach, obwohl sie laut Auslieferungsvertrag dazu verpflichtet wären. Sie argumentieren, dass das Auslieferungsansuchen politisch begründet sei und die Gefahr einer Folter drohe, weshalb der Vertrag nicht gelte. Das bilaterale Verhältnis verschlechtert sich weiter. Ein gemeinsamer Lösungsversuch

---

365 Kaya, Yakup, Die Türkisch-US-amerikanischen Beziehungen innerhalb der NATO. Dargestellt anhand bilateraler Abkommen. Diplomarbeit, Universität Wien, 1987

366 bpb. Bundeszentrale für Politische Bildung, 12.3.2012, Bonn http://www.bpb.de/izpb/77067/zeittafel-republik-tuerkei-1918-2011

367 https://de.wikipedia.org/wiki/Geschichte_der_Republik_Türkei, 15.2.2019

würde angestrebt, der bislang zu keinem Durchbruch führte. Auch die zahlreichen Verhaftungen, davon betroffen sind auch der christliche Missionar Andrew Brunson und andere Amerikaner_innen und Entlassungen in der Türkei nach dem Staatsstreich fördern die Krise.

2017 Bodygards Erdogans greifen prokurdische Demonstranten an, als Erdogan Washington besucht. Die Verurteilung eines türkischen Bankiers in New York belasten die Beziehungen zusätzlich. Er hatte sich schuldig bekannt, an einer Umgehung der US-Sanktionen gegen den Iran beteiligt gewesen zu sein.

Die Türkei schlägt mit Russland einen gemeinsamen Weg bezüglich Energiepolitik ein. Gazprom beginnt mit dem Bau der Turk Stream Gas-Pipeline, die Erdgas nach Europa transportieren soll.

Die USA bezweifeln, dass sich die Türkei der Nato weiterhin verpflichtet fühlen und denken daran, eine härtere Gangart einzuschlagen.

2018 beschließen die USA eine kurdische Streitkraft mit 30.000 Soldaten auszurüsten. Die Türkei beginnt eine militärische Operation in der kurdischen Enklave Afrin. Die YPG engagiert sich vermehrt dafür, die kurdischen Kräfte in Afrin zu unterstützen, was den USA Sorgen bereitet, da sie dadurch den Einsatz gegen den IS gefährdet sehen. Erdogan kündigt an, die YPG auch aus Manbij zu vertreiben und fordert die USA auf, sich zurückzuziehen, was abgelehnt wird. Der erste bewaffnete Konflikt zwischen NATO-Partnern droht. US-Außenminister Rex Tillerson besucht die Türkei im Februar und die Lage scheint sich zu entspannen. Tillerson wird von Donald Trump durch Mike Pompeo ersetzt, von dem die Türkei befürchtet, er könnte eine engere Zusammenarbeit mit der YPG forcieren, was das Verhältnis zwischen den beiden Staaten weiter trübt.

Die Türkei tritt in engere Beziehungen mit Russland und bestellt ein russisches Luftverteidigungssystem, was die NATO brüskiert.

Die militärische Zusammenarbeit ist reduziert, wie beispielsweise die Kampfoperationen am amerikanischen Luftwaffen-Stützpunkt Incirlik. Die USA begeben sich auf die Suche nach einem alternativen Luftstützpunkt.

Die engere Anbindung der Türkei an Russland und damit die Unterstützung des Assad-Regimes in Syrien betrachten die USA als Gefährdung ihrer Interessen. Als Russland den türkischen Einmarsch in Syrien ermöglicht wird die YPG geschwächt und der Kampf der USA gegen den IS behindert.

Der Antiamerikanismus ist in der Türkei unter allen politischen Strömungen verbreitet, was sich Erdogan zunutze macht. Zwischen der Türkei und anderen NATO-Verbündeten in der Region (Ägypten, Saudi-Arabien) herrscht ebenfalls Krisenstimmung, auch weil die Türkei enge Beziehungen zum Iran und zu Katar pflegt. Die Anerkennung Jerusalems als Hauptstadt Israels seitens Trumps hat die Beziehungen zwischen Ankara und Washington weiter verschlechtert.

Solange Erdogan an der Macht ist, wird sich daran nichts ändern. Eine Regierung, die den Friedensprozess mit den Kurden und die Demokratisierung des türkischen Staates zum Ziel hat, könnte das bilaterale Verhältnis wieder verbessern.[368]

---

[368] Gönül, Tol, Die Beziehungen zwischen der Türkei und USA „Spannungen und Perspektiven“, Juni 2018, Friedrich Ebert Stiftung, Berlin: https://library.fes.de/pdf-files/id/14530.pdf.

32. Literaturverzeichnis

Akdag., Türkiye'nin iktisadi ve ictimai tarihi.Cilt 1 ve cilt 2. Istanbul 1974

Alak, A., Büyükkaya, A., Albert, U., Ernst, D., Lock, P., Wulf, H., Holdingler ve Türkiye'de Holdinglesme Hareketleri, Istanbul 1974

Albrecht, Ulrich u. a., (Angaben nach Reuter in To Vima, 13.9.1975)

ANT, Türkiye'de Fasizim ve isci sinifimizin siyasal örgütlenmesi. Nr. 7, kasim 1970

Atac Ilker, EU nach Konvent und Osterweiterung, Kurswechsel, Heft 1, Wien, 2004

Atac, Ilker, Was für einen Staat wünscht sich die EU in der Türkei? www.beigewum.at/wordpress/wp-content/.../089_ilker_atac.pdf

Atac, Ilker; Kraler, Albert; Ziai, Aram (Hrsg.): Politik und Peripherie, Wien, 2011

Atac, Ilker, EU nach Konvent und Osterweiterung, Kurswechsel, Heft 1, Wien, 2004

Ataöv, T., Amerika, NATO ve Türkiye. Ankara 1969

Atatürk, Atatürk söylev ve demecleri, 3. cilt, Istanbul, 1945-61

Avcioglu, D., Devrim üzerine, Ankara, 1971

Aydinlik, AP kongresi ve tekelci sermaye, kasim, Istanbul, 1970

Behramoglu, N., Türk-Amerikan iliskileri, Istanbul 1973

Becker, Joachim, in: Fischer, Karin; Maral-Hanak, Irmi; Hödl, Gerald; Parnreiter, Christof (Hg.): Entwicklung und Unterentwicklung. Wien, 2004

Bedirhanoglu, Pinar, Restrukturierung des türkischen Staates im Kontext der neoliberalen Globalisierung, in: Atac, Ilker, Perspektiven auf die Türkei, Münster, 2008

Bohnsack, Ralf, Marotzki, Winfried, Meuser, Michael, Hauptbegriffe Qualitativer Sozialforschung, Opladen, 2006

Bourdieu, Pierre, Gegenfeuer. Wortmeldungen im Dienste des Widerstands gegen die neoliberale Invasion, Konstanz, 1998

Brockhaus Enzyklopädie, Bd. IX, Mannheim, 1989

Brockhaus Enzyklopädie, Bd. XXIV, Mannheim, 1994

Brzezinski, Zbigniew, Macht und Moral, Neue Werte für die Weltpolitik, Hamburg 1994

Brzezinski, Die einzige Weltmacht, Amerikas Strategie der Vorherrschaft, Weinheim und Berlin, 1997

Bütün Dünya, S. 86, 1 Eylül, Ankara,

Calamaros, Arthouros-David, Internationale Beziehungen, Theorien-Kritik-Perspektiven, Stuttgart, 1974

CEM, I., Türkiye üzerine, Istanbul, 1980

Chomsky, Noam, Profit over People. Neoliberalismus und globale Weltordnung. Hamburg/Wien, 2000

Czempiel, E.-O.; Die Vereinten Nationen und die amerikanische Weltpolitik seit 1945, erschienen in: Rittberger, Volker (Hrsg.): Weltordnung durch Weltmacht oder Weltorganisation. Baden Baden, 2006

Darwin, John, Der imperiale Traum. Die Globalgeschichte großer Reiche 1400-2000. Aus dem Englischen Michael Bayer und Norbert Juraschitz, Frankfurt/New York, 2008

Deger, M. Emin, Oltadaki Balik, Istanbul, 1993, S. 225, 286, 287

Demirer N. Göksel, Demirer, Temel, Duran, Metin, Görgün Özgür Orhangazi, Özgür, Gökcer, Yapici, Kahraman, Neo-Liberal Saldiri Kriz ve Insanlik, Ankara, 1999

Demirer, Temel, Özbudun, Sibel, Özgür, Gökcer, Sakinc Erdem, Mustafa,20. Yüzyildan 21. Ye… In: Özgür, Gökcer, Sarkinc, Erdem, Mustafa (hrg.) Amerika: Rüyami? Kabus mu?, Ankara, 2001

Dogan, Y., IWF kiskacinda Türkiye, Istanbul, 1980

Ecevit, B., Atatürk ve Devrimcilik, Ankara, 1973

Fahr, I.M., Amerikan Harp Doktrinleri, Istanbul, 1968

Fenske, H., Mertens. D., Reinhard, W., Rosen, K. Geschichte der politischen Ideen, Von der Antike bis zu Gegenwart, 1996, Frankfurt a.M., 1996

Filzmaier, Peter; Gewessler, Leonore; Höll, Otmar; Mangott, Gerhard, Internationale Politik, Wien, 2006

Gärtner, Heinz, USA-Weltmacht auf neuen Wegen. Band 10, Berlin, 2010

Generäle für den Frieden. Interviews von Gerhard Kade. Köln, 1981

Gevgilili, A., Türkiyede 1971 Rejimi, Istanbul, 1973

Glasneck, J., Kemal Atatürk und die moderne Türkei, Berlin, 1971

Halil, A., Atatürkcü dis Politika ve NATO ve ve Türkiye, Istanbul, 1968.

Hardt, Michael, Negri, Antonio, EMPIRE Die neue Weltordnung, Frankfurt/Main, 2002

Heinrich, Brigitte, Roth Jürgen, Partner Türkei oder Foltern für die Freiheit des Westens, März, 1973, S. 94-95

Isikli Alparslan, Yeni Orta Cag, Istanbul, 2007

Joffe, Josef, Die Hypermacht. Warum die USA die Welt beherrschen, München, 2006

Katsikides, S., Der Nationalitätenkonflikt auf Zypern in seinen Auswirkungen auf die Gesellschaftsstruktur, 1983, Diplomarbeit, Wien

Kaya Yakup, Zypern in Spannungsfeld regionaler und globaler Machtpolitik, Hamburg, 2018

Kaya, Yakup, Die Türkisch-US-amerikanischen Beziehungen innerhalb der NATO. Dargestellt anhand bilateraler Abkommen. Diplomarbeit, Universität Wien, 1987

Keskin, H., Die Türkei, 1981, Berlin.

Khella, Karam, Jederzeit, überall, mit allen Waffen – Imperialismus heute. Krieg und Frieden, Theorie und Praxis Verlag, Hamburg, 3. Auflage 2012

Kislali, A., Ögrenci Ayaklanmalari, Ankara, 1974.

Kissinger, Henry. A., Weltpolitik für morgen. Reden und Aufsätze 1982-1985, München, 1968

Kissinger, Henry. A., Memoiren 1968-1973, München, 1979

Kivilcimli, H., Türkiyede Kapitalizmin Gelismesi, Istanbul, 1974.

Kreff, Fernand, Knoll, Eva-Maria, Gingrich, Andre, Lexikon der Globalisierung, Bielefeld, 2011

Löwenthal, Richard, Die Sowjetunion als Weltmacht, Berlin 1976

Lungwitz, K., Frieden und soziale Umgestaltungen. Voraussetzungen für die Lösung des Bevölkerungsproblems in Entwicklungsländern, in: Asien, Afrika, Lateinamerika, Berlin, 1974

Mackert, Jürgen, Die Macht des Neoliberalismus und das Schicksal des Staates. Kritische Anerkennungen zu Pierre Bourdieus zeitdiagnostischen Eingriffen In: Florian, Michael; Hillebrandt, Frank (Hrsg.), Bourdieu, Pierre, Neue Perspektiven für die Soziologie der Wirtschaft, Wiesbaden, 2006, S. 200 f.

Mackert, Jürgen, Die Macht des Neoliberalismus und das Schicksal des Staates. Kritische Anerkennungen zu Pierre Bourdieus zeitdiagnostischen Eingriffen In: Florian, Michael; Hillebrandt, Frank (Hrsg.), Bourdieu, Pierre, Neue Perspektiven für die Soziologie der Wirtschaft, Wiesbaden, 2006, S. 200 f.

Magdorf, H., Das Zeitalter des Imperialismus, Frankfurt, 1970

Matzner, Egon, Die Abhängigkeit der Supermacht. Strategien gegenüber dem Hegemon, (2003), http://www.renner-institut.at/download/texte/matzner.pdf

Matzner, Egon, Monopolar World Order, Szombathely, 2000

Mayer, Thomas http://derstandard.at/1381369458773/EU-und-Tuerkei-schleppen-sich-weiter

Meinardus, Ronald, Die Türkei-Politik Griechenlands, Frankfurt, 1985

Menke-Glückert, Peter, Liberalismus und imperialistischer Staat, Göttingen, 1975

Mumcu, U., Suclular ve Güclüler, Ankara, 1975

Noack, Paul, Stammen, Theo, Grundbegriffe der politikwissenschaftlichen Fachsprache, München, 1976

Nohlen, Dieter, Schultze, Olaf-Rainer, Schüttemeyer, Susanne, Lexikon der Politik, Politische Begriffe, Bd. 7, München, 1998

O´Malley, Brendan and Craig, Ian, The Cyprus Conspiracy. America, Espionage and the Turkish Invasion, New York, (1999), in: US State Department Papers 79 203B briefing on visits of Harold Wilson 5-19.10.1965, (points to make to him)

Ökoün, G., Yeni Hükümet ve AET Sorunu, Özgür Insan, Nr. 16, Nisan, 1974

Oksay, K., Türkiyede Yabanci Sermaye Yatirim Klavuzu, Istanbul, 1967

Papalekas, Johannes Chr., Die Zypernfrage. Problematik und Perspektiven eines Dauerkonflikts. Frankfurt, 1987

Pfetsch, Frank, R. (Hrsg.), Konflikte seit 1945, Daten, Fakten, Hintergründe, Europa, Freiburg-Würzburg, 1991

Richter, Heinz A., Friede in der Ägäis? Köln, 2004

Röhrich, Wilfried, Politik als Wissenschaft, München, 1987

Roth, Jürgen, Ender, Berndt, Dunkelmänner der Macht, politische Geheimzirkel und organisiertes Verbrechen, Bornheim, 1984

Roth, Jürgen, Taylan, Kamil, Die Türkei, Republik unter Wölfen, Bornheim, 1981

Rousseas, S., Militärputsch in Griechenland oder im Hintergrund der CIA, Hamburg, 1968

Ruf, Werner in: Österreichisches Studienzentrum für Frieden und Konfliktlösung (Hg.) Die Neue Weltordnung in der Krise. Von der Uni-zur multipolaren Weltordnung? Friedensbericht 2008, Wien, 2008

Schmitt, E., Türkei, Berlin, 1984

Serin, N., Kaikinma ve Dis Ticaret; Azgelismis Ulkeier ve Türkiye yönünden, Ankara, 1971

Sherman, Arnold, Zypern – die gefolterte Insel, Freiburg, 1999

Sinha, R.U., Atatürk ve Mahatma Gandi, Istanbul, 1971.

Südosteuropa-Handbuch, Zypern, Hrgs Grothusen, Klaus Detlev, Steffani, Winfried und Zervakis, Peter, Göttingen, 1998

Tunckanat, H., Ikili Anlasmalarin Icyüzü, Ankara, 1970.

UNION, Für eine demokratische und freie Türkei: Türkei heute, Nr. 1 Berlin, 1971.

Üstün.N., Türkiyede Amerika, Istanbul, 1969.

Vali, Ference, A; Bridge across the Bosphorus, The Foreign Policy of Turky, Balitmore, 1971, S. 364f.

Varvaroussis. Paris. Konstellationsanalyse der Außenpolitik Griechenland und der Türkei, München

Werle, R., Modell Türkei, Hamburg, 1983.

Witt, P.-C, Holl, Karl, List, Günter (Hrsg): Liberalismus und imperialistischer Staat, Göttingen, 1975

Wolf, G., Türkei, Entwicklungsländer zwischen Inflation und Stagnation, Hamburg, 1983.

Wolf, Winfried, Bombengeschäfte, Hamburg, 1999

Yücel, K., Konterguerilla, Istanbul 1973.

Ziegler, Jean, Das Imperium der Schande, Der Kampf gegen Armut und Unterdrückung, München, 2008

33. Internetquellen

Atac, Ilker, Was für einen Staat wünscht sich die EU in der Türkei? www.beigewum.at/wordpress/wp-content/.../089_ilker_atac.pdf 7.7.2013

Butterreit, Christian, www.tagesschau.de/ausland/putsch100.html,

Chomsky, Noam, groups.unipaderborn.de/transparenz/politdocs/chomsky02.pdf, 4.7.2013

Effenberger, Wolfgang, Das amerikanische Jahrhundert. Teil 1, München, 2011 http://books.google.at/books?id=u4pz3tJSOnMC&pg=PA160&lpg=PA160&dq=Paul+Henze-T%C3%BCrkei-12.+September+1980&source=bl&ots=vV_pfKhZsW&sig=Ighx0sSMyxMK-yiyiA-qVgTr_xs&hl=de&sa=X&ei=sMaST432OMbrOafo_YwE&ved=0CHwQ6AEwBg#v=onepage&q=Paul%20Henze-T%C3%BCrkei-12.%20September%201980&f=false, S. 160, 13.9.2011

http://fuatercan.wordpress.com/2009/06/12/anti-neoliberale-strategien-neudenken-ein-blick-auf-die-turkei-aus-der-perspektive-der-werttheorie/, 26.6.2013

http://politicsgr.com/forum/showthread.php?p=556: Der Streit um die Ägäis: Luftraum, Hoheitsgewässer und Meeresboden, 10.11.2011

http://www.deutsch-tuerkische-nachrichten.de/2012/03/432870/egemenbagis-angliederung-von-nordzypern-an-die-tuerkei-ist-moeglich/, 4.3.2012

http://www.europarl.europa.eu/sides/getDoc.do?type=QT&reference=H2001-0884&language=DE 23.12.2012

http://www.foreignpolicy.com/articles/2012/01/03/after_america, 23.12.1012

http://www.foreignpolicy.com/articles/2012/01/03/after_america, 23.12.1012

http://www.nato.diplo.de/Vertretung/nato/de/04/Rechtliche__Grundlagen/No rdatlantikvertrag.html: 23.3.2012
http://www.taz.de/Tuerkische-Putschistenfuehrer-vor-Gericht-/!90879/, 4.4.2012

http://www.welt.de/politik/ausland/article114904346/Israels-Probleme-mitseinem-neuen-Gasreichtum.html 9.12.2013

Mayer, Thomas, http://derstandard.at/1381369458773/EU-und-Tuerkeischleppen-sich-weiter 9.12.2013

Seibold, Balthas, Skript: Zentrale Begriffe der Politikwissenschaft. In www.webwort.de/, 23.3.2008

www.derindusunce.org: 9.2.2009

www.odatv.com: 22.12.2010

www.tagesschau.de/ausland/putsch100.html, Prozess gegen Putschgeneräle vor 1980

www.taz.de › Politik › Europa, Türkische Putschistenführer vor Gericht, Ein historisches Prozess, 11.1.2012

www.turkishpress.de: Ereignisbericht im Internetforum der Turkish Press, vom 8.9.2009

www.wsws.org/de/2000/sep2000/puts-s12.shtml 20 Jahre seit dem Militärputsch in der Türkei, 12.9.2011

Über den Autor

Mag. Dr. Phil. Işık Yakup Kaya wohnt in Wien, wurde 1956 als eines von acht Kindern bei Ankara in der Türkei geboren.
Er lebt seit 1980 in Europa. Zwei Jahre verbrachte er in Deutschland, wo er an der Universität Erlangen/Nürnberg Deutsch lernte.
1984 begann er an der Universität Wien in Österreich Politologie als Hauptfach in der Fächerkombination mit Philosophie, Publizistik und Orientalistik zu studieren.
1988 schloss er das Studium als Magister der Philosophie ab. Der Titel seiner Diplomarbeit lautete „Bilaterale Abkommen zwischen der Türkei und den USA und die Rolle der NATO."
2014 promovierte der Autor zum Doktor der Philosophie. In seiner Dissertation „Zypern im Spannungsfeld regionaler und Weltmachtpolitik" beschäftigte er sich mit der globalen Politik und wie diese die Situation auf Zypern beeinflusst.
Seit vielen Jahren setzt sich der Politologe freiberuflich vehement für die Menschenrechte ein. Lange Zeit war er als Bewährungshelfer im Dienst des Justizministeriums Österreichs und als Deutschtrainer für MigrantInnen für die Stadt Wien tätig. Gelegentlich fungiert er als Dolmetscher für türkisch und für kurdische Sprachen im Auftrag des BFA (Bundesamt für Fremdenwesen und Asyl), der LPD (Landespolizei-Direktion), des ÖIF (Österreichischer Integrationsfonds) und der Diakonie.
Als Musiker und Sänger ist Işık Yakup Kaya ebenfalls bekannt.

Işık Yakup Kaya
Zypern im Spannungsfeld regionaler und globaler Machtpolitik

ISBN 978-3-939710-31-8
1. Auflage 2018
302 Seiten
20 €

Das Buch vermittelt die Geschichte des Konflikts auf Zypern mit einer eingehenden Analyse der Fakten. Das Thema wird auf unterschiedlichen Ebenen und aus vielfältigen Perspektiven behandelt – eine spannende Auseinandersetzung mit den Ereignissen, die global zu betrachten sind. Dr. Kaya beschäftigt sich mit den Darlegungen anderer Autoren, die er kritisch durchleuchtet

Die Herangehensweise ist sehr detailliert und informiert den Leser/die Leserin über die historischen und aktuellen Konfliktursachen. Das Werk dient als Wissenserweiterung und -vertiefung über die Lage der beiden Volksgruppen auf Zypern. Dargestellt wird auch die enorme geopolitische Bedeutung Zyperns für die Großmächte, allen voran die USA, Großbritannien und Russland, seit jüngerer Zeit natürlich auch für die EU, die Zypern zum Spielball anderer regionaler Akteure und der Großmächte werden ließ. Das Buch ist von großem politischen Interesse und hoch aktuell.

Karam Khella
Imperialismus heute
Krieg und Frieden

Behandelter Zeitraum:
1945 bis zur Gegenwart

Karam Khella

»Jederzeit, überall, mit allen Waffen«

Imperialismus heute

Krieg und Frieden

ISBN 978-3-939710-06-6
3. überarbeitete Auflage 2013
404 Seiten
22 €

Das Buch enthält eine umfassende Analyse der gegenwärtigen Weltlage und zeigt Perspektiven für die Zukunft auf.

- Militärische Bedrohung des Globus
- Herrschaft und Unterdrückung
- Anatomie der Destruktivität, Aggressivität und des Kriegs
- Über den Zusammenhang von Imperialismus und Militarismus
- NATO
- Der Krieg nach dem letzten und vor dem nächsten Krieg

Der Autor erhebt stets den Anspruch, eine Orientierung für die Praxis anzubieten. Was tun? Wie setzen wir uns mit den Widersprüchen der Weltlage auseinander?
Wir sind gefordert. Verstehen geht dem Handeln voraus. Das Werk ist höchst aktuell und lädt zu persönlichem Engagement ein. Der Frieden ist für den Imperialismus gefährlicher als der Krieg.

Während „Imperialismus heute" vor allem die militärische Bedrohung des Globus, den Krieg und die NATO behandelt, werden in „Die gespaltene Welt" die Ökonomie, Rohstoffe, Schulden sowie der Nord-Süd-Konflikt bearbeitet.

Im Theorie und Praxis Verlag sind folgende Werke auch in türkischer Übersetzung erschienen:

Karam Khella

Universalistische Erkenntnis- und Geschichtstheorie

Üniversalist Tarih
ISBN 975-8674-07-2
1. Auflage 2006 – 192 Seiten
10 €

Karam Khella

Die gespaltene Welt

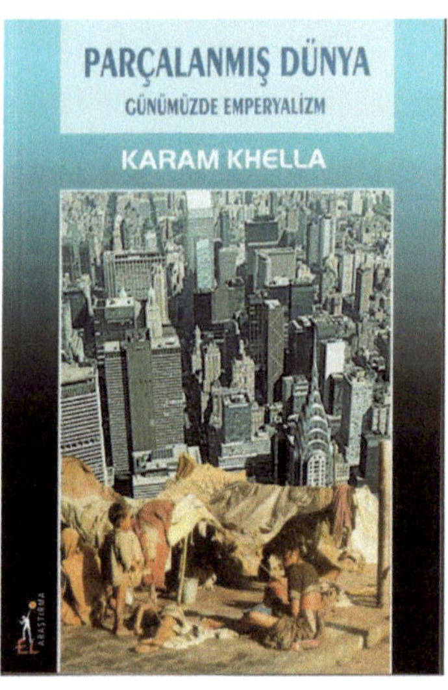

Parçalanmış Dünya –
Günümüzde Emperyalizm
14 €

zu beziehen nur direkt beim Verlag:

Theorie und Praxis Verlag
Goldbachstr. 2
D 22765 Hamburg
Tel: 040 – 38 61 38 49

info@tup-verlag.com
www. tup-verlag.com